四川外国语大学复合型国际化人才培养系列特色教材

总主编：刘玉梅 / 张庆

郑瑞珺　席桂桂 ◎ 编著

联合国研究

时事出版社
北京

总序

Foreword

当今世界正处在大发展、大变革、大调整时期。世界多极化、经济全球化深入发展，科技进步日新月异，人才竞争日趋激烈。我国正处在改革发展的关键阶段，经济建设、政治建设、文化建设、社会建设以及生态文明建设全面推进，工业化、信息化、城镇化、市场化、国际化深入发展，人口、资源、环境压力日益加大，经济发展方式加快转变，这一切都凸显了提高国民素质，培养创新人才的重要性和紧迫性。《国家中长期教育改革和发展规划纲要（2010—2020年）》明确提出人才培养要加强国际交流与合作。"坚持以开放促改革、促发展。开展多层次、宽领域的教育交流与合作，提高我国教育国际化水平。借鉴国际上先进的教育理念和教育经验，促进我国教育改革发展，提升我国教育的国际地位、影响力和竞争力。适应国家经济社会对外开放的要求，培养大批具有国际视野、通晓国际规则、能够参与国际事务和国际竞争的国际化人才。"

培养复合型国际化人才已然成为我国众多高等院校的人才培养目标。复合型人才培养强调人才的基本知识、技能和素质的培养，讲究知识结构的多元化与合理组合，而国际化人才培养更加侧重国际化理念和意识的建立，以及在全球环境中实际操作的能力。根据国家人事部的统计，目前我国高层次人才占人才资源总量的5.5%，而高级人才中的国际化人才则更少，足见国际化人才的珍贵与稀缺。在我国企业不断迈向国际化经营的进程中，国际化人才的问题如不解决，必将成为制约我国企业进一步发展的资源瓶颈。

四川外国语大学以党的十九大精神为指导，全面贯彻党的教育方针，主动对接"一带一路"和"中国文化走出去"等国家重大战略需求以及重庆市内陆开放高地建设需求，对内实施供给侧结构性改革、创新人才培养模式，对外强化合作办学、走产学研合作之路，培养国家和地方用得上、受欢迎的高级外语和涉外人才，以"双一流"为引领，把学校建设成高水平的应用研究型外国语大学。在人才培养模式上，学校及时瞄准社会对实用型外语人才的大量需求，不断进行教育教学改革，突出创新精神和实用能力的培养，注重跨专业知识和技能的扩充以及综合素养的提高，发展学科专业优势，增强人才培养特色。为此，我们编写了"四川外国语大学复合型国际化人才培养系列特色教材"，包括《外交外事文书写作》《联合国研究》《领事保护实验教学案例分析》《时政视听说》等。我们希望该系列特色教材能进一步推动学校人才培养的国际化进程，进而为重庆打造内陆开放高地提供政策建议和智力支持。

参与本系列特色教材编撰的作者大都来自四川外国语大学国际关系学院。学院坚持"双轮驱动、复合发展"理念，以"国际事务导向、语言能力并重"为宗旨，积极探索"英语+涉外事务"和"外交/国政+英语"人才培养模式，致力于培养语言功底扎实、专业知识深厚、实践能力过硬的具有中国情怀和国际视野的复合型国际事务人才。他们既是学院的教学骨干，又是科研的中坚力量，朝气蓬勃，奋发进取，积极关注复合型国际化人才培养的前沿问题。

感谢学校领导对教材出版的大力支持，感谢时事出版社领导对教材编写的鼎力相助，特别是谢琳主任及其团队对教材的悉心审阅和设计建议。同时，还要感谢四川外国语大学国际关系学院师生团队对教材编写所付出的辛勤努力。

我们衷心希望，本系列特色教材能够充实国家和地方教育行政部门、高等院校和其他教育机构的资料库，继续提高学校的国际化水平，进而为培养复合型国际化人才贡献更大的力量！

四川外国语大学国际关系学院院长

前言

Preface

  从学生时代开始，联合国研究就是笔者的兴趣之所在。作为最大的国际组织，联合国在国际事务中占有举足轻重的地位。笔者自2013年从以色列回国后，便开始讲授《联合国研究》双语课程。一开始是给外交学国际政治专业学生授课，这是他们的专业必选课；后来给英语专业的学生授课，本门课程是他们的专业限选课。对于前者来说，双语教学中的语言关是他们的难关；对于后者，部分专业知识晦涩难懂，学生们难以产生兴趣。本书是笔者和席桂桂老师多年教学教案的总结，其语言和专业知识并重，让学生们了解联合国的发展历程、成就，以及现在面临的机遇和挑战。希望这一本联合国知识入门书籍，可以让有不同知识需求的学生找到自己的兴趣点，更全面地了解联合国。

  本书参考了联合国官方网站的文件与资料、李铁成教授编著的《联合国简明教材》、中国社会科学研究院李东燕博士主编的《联合国》（列国志）、Maurice Bertrand 编著的 *The United Nations: Past, Present and Future*、Amry Vandenbosch 等于2013年出版的 *The United Nations: Background, Organization, Functions, Activities* 等。

  最后，感谢四川外国语大学外交学国际政治专业的学生何婷婷、李永雪、陈柯妍、陈明坤和张蕾为本书做出的必不可少的技术性贡献。

郑瑞珺

2020年9月30日

于四川外国语大学

目录

Contents

第一章 联合国的历史 …………………………………………（1）
第一节 联合国历史 ………………………………………（2）
一、国际组织的溯源 …………………………………（2）
二、国际联盟（League of Nations）………………（7）
三、联合国（the United States）…………………（14）

第二章 联合国行动使命：维护世界和平与安全 ………（25）
第一节 集体安全与联合国 ………………………………（25）
一、集体安全定义 …………………………………（26）
二、关于集体安全制度的两次实践 ………………（28）
三、集体安全制度的困境 …………………………（36）
第二节 联合国维和行动 …………………………………（37）
一、维和行动定义及其法律依据 …………………（37）
二、维和行动机制及演变 …………………………（39）
三、维和行动的历史演变 …………………………（40）
第三节 联合国特别政治任务 ……………………………（43）
第四节 中国与联合国维和行动 …………………………（44）

第三章 全球议题 …………………………………………（47）
第一节 日常议题 …………………………………………（47）

一、老龄化（Ageing） …………………………………………（47）
　　二、艾滋病（AIDS） …………………………………………（62）
　　三、淡水（Water） ……………………………………………（67）
　第二节　难民和移民 ………………………………………………（73）
　　一、难民问题对全球的影响 …………………………………（73）
　　二、移民问题对全球的影响 …………………………………（87）
　第三节　全球公共卫生危机 ……………………………………（115）
　　一、全球卫生危机工作队（Global Health Crises Task Force） ………（115）
　　二、世界卫生组织（World Health Organization） ……………（117）
　　三、新冠肺炎疫情下的难民 …………………………………（121）

第四章　性别平等与妇女权益保护 ……………………………（141）
　第一节　联合国与性别平等（Gender Equality）历程 …………（142）
　第二节　联合国与消除对妇女的暴力行为
　　　　　（Eliminating Violence Against Women） ………………（148）
　第三节　联合国系统中关于妇女权益保护的纲要性文件 ………（150）
　　一、（1979年）联合国大会《消除对妇女一切形式歧视公约》
　　　　（CEDAW） ………………………………………………（150）
　　二、（1993年）联合国大会《消除对妇女的暴力行为宣言》
　　　　（DEVAW） ………………………………………………（151）
　　三、（1995年）第四次妇女问题世界会议《北京宣言》和
　　　　《行动纲要》 ………………………………………………（151）
　　四、（2000年）联合国大会《联合国千年宣言》 ……………（152）
　　五、（2015年）联合国大会《2030年可持续发展议程》 ……（153）
　第四节　联合国系统中的妇女权益保护机构与项目 ……………（154）
　　一、专门机构 …………………………………………………（154）
　　二、开展性别项目的机构 ……………………………………（156）
　　三、与其他组织或地区开展试点合作的项目 ………………（159）
　第三节　相关机构翻译 ……………………………………………（160）

第五章 联合国反恐行动 …………………………………………（162）
第一节 联合国反恐怖主义办公室概况 ………………………（163）
一、主要职能及其目的 ……………………………………（164）
二、结构组成及其对应职能 ………………………………（165）
第二节 主要反恐机构 …………………………………………（169）
一、大会（GA）授权机构 …………………………………（169）
二、安理会（UNSC）授权机构 ……………………………（173）
第三节 联合国反恐重要文件 …………………………………（182）
一、《联合国全球反恐战略》（2006年9月8日）………（182）
二、《防止暴力极端主义行为计划》（2016年1月）……（182）
三、其他国际反恐文件 ……………………………………（184）

第六章 联合国和平使者 ……………………………………（190）
第一节 马拉拉·优素福扎伊与女童教育 ……………………（190）
第二节 史蒂夫·旺德与残疾人权益 …………………………（193）
第三节 珍·古道尔与环境保护 ………………………………（194）
第四节 保罗·科埃略与消除贫困 ……………………………（196）
第五节 迈克尔·道格拉斯与裁军问题 ………………………（197）

附录一 联合国系统图（中文）………………………………（198）

附录二 联合国系统图（英文）………………………………（199）

第一章　联合国的历史

章节导读

★学习目标

● 了解国际组织的溯源；

● 了解作为联合国前身的国际联盟成立的背景与过程，掌握国际联盟的主要机构、失败原因及其遗产；

● 熟知联合国建立过程，详细研究联合国六大主要机构，掌握各机构的职能，了解联合国现存问题及其解决方案。

★本章导读

联合国（the United Nations）是第二次世界大战后建立起来的国际组织，是打败法西斯、建立战后国际秩序的胜利成果。在此之前，国际组织经历了漫长的发展过程，其间有哪些伟大的想法和尝试？第一个普遍性的国际组织——国际联盟（League of Nations）是如何诞生的？其机构设置如何？最终又为何失败？作为其继承者和替代者的联合国是如何诞生的？其机构设置又是怎样安排的？其发展到如今，存在的问题又有哪些？对此，联合国做出哪些改革？

本章将从国际组织的溯源出发，梳理国际组织的思想渊源和初步发展，详细阐述国际联盟和联合国的形成过程、机构设置以及国联失败的原因和联合国现存的问题，使读者能够大致了解联合国的历史，清楚联合国的组织架构及其在国际上所发挥的作用，为后文对联合国具体详细的研究做准备。

第一节 联合国历史

联合国作为当今世界最具普遍性、代表性、综合性、权威性的政府间国际组织，其会员国几乎覆盖世界所有主权国家，活动范围涉及安全、人权、发展、经济、社会、文化等各个领域。从历史的角度看，联合国是反法西斯战争胜利的成果，是大国安排战后世界的产物，同时也是国际组织思想与实践发展的产物，是主权国家试图通过多边国际组织和国际法维护世界持久和平的努力成果。[①]

一、国际组织的溯源

尽管世界上大多数国际组织都建立于20世纪，但人类希望通过一个超国家的组织来维持世界安全与和平的意愿由来已久。人类往往把战争与冲突归咎于分裂的独立政治实体的存在，这样一来，消除分裂的独立政治实体或限制独立政治实体的自治权力，就成了维持世界和平与安宁以及消除这些人间灾难的重要手段。国际组织就是人类为探求世界和平，消除暴力与战争所设计的种种制度化的方案之一。

（一）国际组织的思想渊源

人类自古以来就向往着有一个由共同契约维系的世界，这种人类共同体的设想在我国古代思想家孔子"天下大同"的表述中就有体现。在古希腊，思想家柏拉图设想用一种"理想国"来反映人类共同体的最高境界。古罗马的斯多葛学派曾主张天下统一于罗马帝国。古今中外的思想家对人类共同体的美好设想都与天下统一、消除各个分治的社会实体相结合。但希望通过国际组织来消除各个实体之间的冲突，把国际

[①] 李东燕：《联合国》，社会科学文献出版社2018年版，第1页。

组织与世界和平联系起来还是在欧洲中世纪以后才出现的。

中世纪神学思想家彼埃尔·杜布依斯（Pierre Dubois，1250—1320年）被认为是第一个设想通过国际仲裁来裁决人类各自独立的社会实体之间纷争的人。在杜布依斯时代，神圣罗马皇帝、罗马教皇与欧洲各国国王之间经常发生权力之争，杜布依斯是法国国王菲利普四世的支持者，他反对罗马教皇与神圣罗马帝国的统治权，赞同由法国来领导各个基督教国家进行收复圣地耶路撒冷的"圣战"。对于各个基督教国家之间的争端，杜布依斯主张各国通过签订协议，以仲裁而不是战争的方式来解决。

中世纪意大利思想家但丁（Dante Alighieri，1265—1321年）也是一个世界和平的倡导者，但他的世界和平是与某种霸权结合在一起的。在《论帝制》一书中，但丁认为整个宇宙应由一个上帝主宰，这样整个世界应由一个体现上帝意志的皇帝来统治。

法国国王亨利四世也是国际组织的积极倡导者，在他提出的"宏伟计划"中，其设想把欧洲分为15个国家，然后共同组成一个邦联，并设立一个理事会来管理整个邦联。理事会由60个人组成，这60个人依照古希腊近邻同盟的规则由各国选派，邦联设参议院和分区理事会。但亨利四世这种国际组织的设想在很大程度上仍然是为了获取法国对欧洲的主宰权，形成一个以法国为领导的欧洲邦联。

欧洲文艺复兴运动之后，随着人文主义与民主思想的发展，欧洲思想家开始以民主的精神来审视与思考国际的和平与稳定问题，希望以民主的方式建立一种国际/世界性的政府，以实现世界的永久和平与稳定。

1694年，英国政治家、社会活动家威廉·潘恩（Willian Penn，1644—1718年）曾写过一篇名为《关于欧洲现在与未来的和平》的文章。他根据亨利四世的思想提出：欧洲各国联合起来，组成一个"欧洲议会"。议会的代表权按国家人口与财富的比例进行分配，各国的争端应交由这个议会来和平解决，议会的决议必须经议会代表的2/3通过才能生效，各国议会代表的席位以圆桌方式排定，以体现各国之间的平等，而且欧洲议会的所有国家必须履行裁减军备的义务。

法国大主教圣·彼埃尔（Charles Irénéé Castel de Saint-Pierre，1658—

1712年)在1713年发表的《欧洲永久和平计划》一文中提议欧洲各国组成一个国家联合体,各成员国有义务维持现状,尊重各国的领土完整和保证条约的履行,非经这个永久国家联合体的3/4的多数同意,任何国家不得变更条约的规定;凡拒绝加入这个永久国家联合体的欧洲君主,应被视为欧洲各国的共同敌人;凡不履行盟约义务的国家,各成员国应对其采取集体制裁。

启蒙时代的思想家卢梭(Jean Jacques Rousseau,1712—1778年)进一步发展了圣·彼埃尔的建立欧洲永久和平计划的思想,主张成立一个欧洲联邦。在这一联盟中,卢梭设想欧洲联盟计划应成为联盟宪法中的五条:欧洲各国应是一个永久的、不能废止的联盟,一切国际争端都应通过这个联盟的议会裁决或通过司法程序解决。各国应该放弃发动战争的权利;议会的决议如果是暂时性的,可以由简单多数来通过;如果涉及变更联盟宪章基本条款的决议,必须在议会中采取一致通过的表决方式。[①]

19世纪另一位极具影响力的主张民主世界共同体的人就是德国法典哲学家康德(Immanuel Kant,1724—1804年),他在《永久和平论》一书中提出一个消除战争、保持永久和平的方案。在康德看来,共和主义(作为内部因素)与永久和平(作为外部因素)是相互融为一体的,绝对不能分割,而且外部是由内部决定的。这样,永久和平的第一决定因素是"所有国家的人民宪法都应是共和制",在这一基础上,各民主共和制国家组成一个欧洲邦联才能实现世界(当时的欧洲)的永久和平,这种政治的道德目的就可以得到遵守。

因此,自近代以来,西方出现的建立国际/世界的民主与法治政府思想是近代以来西方许多自由主义思想家继承和发展欧洲以往的统一思想的结果。它把民主与平等原则设想为消除国家间冲突与战争的最重要方法之一。它的主要出发点是建立一种国际/世界性的政府来推动世界性的民主共和体制的建立,加强国际/世界法治,弘扬人类的道德,最大限度地消除人类社会的不公正,促进世界的航海自由和自由贸易,从

[①] M. Forsyth, H. Keens-Soper, and P. Savigear, ed.. *The Theory of International Relations*, New York: Atherton Press, 1970, pp. 135 – 137.

而加强人类的共同利益或共同纽带，确保世界的永久和平与稳定。①

(二) 国际组织的初步发展

国际组织的实质是国家间一种通过契约关系形成的组织。人类文明历史上有较早文字记载的国家间组织关系，可能是古希腊城邦国家间服务于政治与军事目的的联盟关系和中国春秋战国时期各种合纵连横的联盟关系。②

今天的国际组织是在近代国际组织的基础上发展而来的。近代国际组织为今天的国际组织从内部组织形式和目的宗旨上奠定了基础。

中世纪后期，欧洲内部的社会分化出现以世俗王权为特征的现代民族国家雏形，即以世俗专制君主主权为特征的国家，开始打破中世纪以来以教会世界主权为主要特征的神权国际体系。国家间建立了真正意义上的政治与经济交往关系。这种交往关系为现代意义的国际组织建立奠定了基础。这样一来，欧洲第一场具有主权国家间战争性质的宗教战争——三十年战争（或称威斯特伐利亚战争，1618—1648年）成为一种新型国际关系的契机，也为现代国际组织的出现创造了条件。

威斯特伐利亚会议使过去国家间的双边接触扩展为多边接触，开创了一种以多边国际会议的形式解决战争问题和其他国际争端的先例，还以集体公认的形式保证这种集体契约得到遵守，否则有关国家将受到制裁。威斯特伐利亚会议确定的国家间建立常设使节制度还使过去国家间的双边暂时性的接触变成一种固定性、长期性的接触，为主权国家此后经常性的、正式的和有组织的交往提供了制度上的便利，③这也是国际组织建立过程中必须具备的组织形式和条件。

自威斯特伐利亚会议后，国际会议成为欧洲各主要君主大国之间在重大战争结束后确定和约、进行政治权力再分配的一种主要形式。这种

---

① 李滨：《世界政治经济中的国际组织》，国家行政学院出版社2001年版，第84—91页。
② 李滨：《世界政治经济中的国际组织》，国家行政学院出版社2001年版，第96页。
③ 李滨：《国际体系研究：历史与现状》，南京大学出版社2000年版，第58页。

形式的协商外交机制被称为欧洲协调（Concert of Europe），在19世纪达到高潮。

19世纪70年代，自由资本主义逐步向垄断资本主义过渡。国家间联系的增多使得临时性的双边和多边协调已经不能满足国际关系发展的需要，在此种条件下，国际组织应运而生。这一时期的国际组织主要是一些以专门性的、技术性的国际协作为职能的机构，所涉及的也是除重大政治问题外的行政技术事务，因此这批组织被统称为国际行政联盟。国际行政联盟的建立为后来国际组织的出现奠定了基础，使国际组织的历史进入一个新的阶段，具有划时代的意义。

除了各种行政联盟以外，国际组织的其他形式在19世纪中后期也开始出现。1815年成立的莱茵河委员会就是第一个正式的国际组织，其次是1856年成立的多瑙河委员会、1865年成立的国际电报联盟和1874年出现的万国邮政联盟。随后，一大批在农业、铁路、关税、商标、版权、度量衡、公共卫生等功能性领域具有行政性和技术性的国际组织成立了。

随着19世纪末民主运动与和平运动的发展，要求规范国家对外政治、军事政策行为的呼声也在高涨，而欧洲各大国政治领导人也感到，防止各国政治军事竞争的逐步升级，有必要采取限制性措施，以此来缓解国际的紧张状态，减少自己国家的经济与社会压力。

正是在这种背景下，1899年和1907年召开了两次海牙国际会议。这两次国际会议是在和平时期召开的，主要目的是通过和平方式（裁减军备、规范战争行为等）进行国际权力关系的调整。除此之外，它还有两个特点：第一，它是第一次世界性的国际会议。两次海牙国际会议都突破了过去只有欧洲国家参加的局限，参加国包括了除非洲和大洋洲（这两个洲当时没有独立国家）之外的所有大洲。第二，海牙国际会议首次在国际会议中体现了主权平等的原则。这次会议的所有决议都是以一国一票的方式投票产生的，并且所有决议都要求全体与会国一致同意方能通过。

两次海牙国际会议的结果对国际组织的内部组织形式做出下列贡献：（1）首次确定了和平解决国际争端的程序；（2）增进了共同责任

感；(3) 改进了会议的技巧，创造了国际组织的一些新的运作形式，如分组讨论、唱名表决等；(4) 建立了常设制度，为现今国际组织的重要立法权力机关——"大会"提供了可资效法的先例；(5) 把欧洲协调的国家间经常磋商制度进一步推广，扩大到世界范围，拟定今后每隔七八年举行一次类似的海牙会议，并设立了筹备委员会作为这种磋商会议的常设机构。①

19世纪，除了在欧洲出现了国际行政组织外，1889年在美洲还出现了正式的区域性国际组织——美洲共和国国际联盟及其常设机构美洲国家商务局。

所以，19世纪是现代国际组织的形成时期，国际组织的内部组织形式在这一时期的国际组织（或会议）中都有所体现，欧洲协调、国际行政联盟、两次海牙国际和平与裁军会议以及美洲共和国国际联盟，为现代国际组织中的立法机构、执行机构、秘书处、表决程序以及处理问题的机制提供了可以引用的先例。

20世纪是国际组织正式定型与大发展的时代。在这个世纪，各类国际组织内部的组织形式与决策过程都已成型和固定化，各自形成一套富有特色的、正式的和固定化的组织体系与决策程序，而且各类国际组织在数量上都有了极大增加，到一战爆发前期已经达到200多个。

二、国际联盟（League of Nations）

国际联盟是1919年第一次世界大战结束时召开的巴黎和会的产物，是根据巴黎和会通过的《国际联盟盟约》于1920年正式成立的、世界上第一个一般政治性普遍组织，在国际组织的发展史上具有重要意义。

---

① 饶戈平主编：《国际组织法》，北京大学出版社1996年版，第29—30页。

（一）威尔逊的"十四点计划"与其他方案

时间	国际联盟的筹建工作
1918年1月8日	美国总统威尔逊（Thomas Woodrow Wilson，1856—1924年）在对国会的讲话中提出包括建立国际联盟在内的"十四点计划"
1918年3月	英国罗伯特·塞西尔勋爵（Lord Robert Cecil）倡导的、由著名法学家沃尔特·费利莫尔（Walter Phillimore）领导的国际联盟委员会提出一个"费利莫尔计划"，建议成立一个联合国家会议（Conference of Allied States）
1918年6月	法国也提出一个国际联盟草案——建议成立一个国际理事会（International Council）
1918年11月	南非方面参加巴黎和会的代表史末资（Jan Christiaan Smuts）将军提出一项关于国际联盟的"可行性建议"（Practical Suggestion）

威尔逊是美国第28位总统，于1913年就职时，恰逢第一次世界大战爆发之前。他在任期内，经历了第一次世界大战的爆发和结束，经历了苏联社会主义国家的出现。作为普林斯顿大学校长以及法理学和政治学教授出身的总统，威尔逊有着对公正与持久和平理想的强烈追求，他的政策带有鲜明的自由主义、国际主义和民主主义色彩。正因如此，威尔逊主义也成为理想主义的代名词。

1918年1月8日，威尔逊总统在对国会的讲话中提出包括建立国际联盟的"十四点计划"，被称为"世界和平纲领"。在计划中，他提出公开外交、自由航行、自由贸易、裁减军备、民族自决、国家平等独立、领土问题等原则，向美国和全世界推广他的理想。在"十四点计划"中，他提出建立国际联盟的设想："为了大小国家都能相互保证政治独立和领土完整，必须建立一个具有特定盟约的普遍的国际联盟。"

在"十四点计划"中，威尔逊使用的是普遍的国际联盟（General Association of Nations），而在9月的一次演讲中则使用了国际联盟

（League of Nations）。他在演说中提到："在国际联盟的普遍而共同的家庭里，不再容忍有联盟或同盟或特殊的条约与谅解之类；不容有自私的特殊集团；不得运用任何方式进行经济抵制或排斥，但考虑到纪律和控制，国际联盟本身须行使经济上的惩罚，使受惩罚者不得参与世界市场。"

虽然威尔逊总统是国际联盟的积极倡导者，但国际联盟的设计方案却是各种方案汇合的产物，是第一次大战后国际力量对比悬殊并由大国安排世界的结果。英国的罗伯特·塞西尔勋爵一直致力于战后国际组织的建立，为此，英国成立了一个由著名法学家沃尔特·费利莫尔领导的国际联盟委员会。该委员会于1918年3月提出一个"费利莫尔计划"，建议成立一个联合国家会议——其成员同意在将争端提交仲裁之前不得对另一成员国诉诸战争；一旦通过仲裁形成解决方案，冲突双方不得进攻任何遵守方案的国家；任何不接受解决方案而诉诸武力或寻求其他方案的国家，将自动与其他会员国处于战争状态；这些国家将受到经济或军事制裁。

1918年6月，法国也提出一个国际联盟草案。法国方案建议成立一个国际理事会，由来自各国的代表组成。理事会每年举行会议，解决那些"非法院受理争端"（non-justiciable disputes），"法院受理争端"交由国际法庭（International Tribunal）解决。如果有必要，由国际联盟领导下的国际军队进行强制解决。显然，法国支持一个更强有力的国际联盟。

1918年11月，在威尔逊总统访问巴黎期间，南非方面参加巴黎和会的代表史末资将军提出一项关于国际联盟的"可行性建议"，深受威尔逊总统青睐，对后来的美国方案及国际联盟组织建设做出重要贡献。史末资关于国际联盟的建议中包含许多有价值的创新，如建立一个由大国任常任理事国和非常任理事国的理事会、建立一系列技术委员会负责经济和社会方面的工作、对战败国的殖民地实行国际联盟下的委任托管等。国际联盟是在大国主宰下创立的，主要是美英合作下的产物，威尔逊、塞西尔和史末资被誉为"国际联盟之父"。①

(二) 巴黎和会与国际联盟的诞生

1919年4月28日，各国在巴黎和会上通过了《国际联盟盟约》，并全部承诺遵守条约中明确列出的规定与议事程序，以求和平解决未来发生的所有争端。所有主权国家无论大小（除了当时战败的轴心国以外），都可以参加联盟并参与到该联盟对于各个问题的商讨与决议中去。《国际联盟盟约》被列入《凡尔赛条约》的第一部分。

1920年1月10日，巴黎和会宣布《凡尔赛条约》正式生效，国际联盟宣告成立。盟约规定，美、英、法、中等32个国家是国联创始会员国，同时邀请阿根廷、智利等13个国家加入。国联的成员国累计达到63个，其中创始会员国42个，非创始会员国21个。同一时期的成员国，最多时是1937年的58个。苏联最初被排除在外，战败的德国也未包括在内；后来苏联于1934年应邀参加国联，到1939年又被开除。美国是倡议成立国联的国家之一，也被列为创始成员国，但由于在巴黎和会上没有达到预期的目的，美国国会拒绝批准《凡尔赛条约》，一直未正式加入。因此，当时国联的领导权一直把持在英国、法国两国手中。②

(三) 国际联盟的宗旨与主要机构

根据国联的盟约，这一组织的宗旨是：防止战争，维持国际和平与安全，促进国际合作和保证各国严格遵守国际义务。③

---

① 李东燕：《联合国》，社会科学文献出版社2018年版，第14页。
② 于永达：《国际组织》，清华大学出版社2011年版，第40页。
③ 李滨：《世界政治经济中的国际组织》，国家行政学院出版社2001年版，第133页。

主要机构 (Main organs)	大会 (Assembly)	构成：大会由全体成员国代表组成，每一国代表不得超过3人，只有一个投票权 会议：大会应在规定的时间间隔和必要时在联盟所在地或决定的其他地点举行会议 职权：大会职权范围甚为广泛，凡"属于联盟行动范围以内或关系世界和平之任何事件"，它都有权处理。除非《盟约》或《条约》另有明文规定外，大会或理事会任何会议的决定均须经出席会议的联盟所有成员的同意	The Assembly shall consist of Representatives of the Members of the League. At meetings of the Assembly each Member of the League shall have one vote, and may have not more than three Representatives. Meetings: The Assembly shall meet at stated intervals and from time to time as occasion may require at the Seat of the League or at such other place as may be decided upon. The Assembly may deal at its meetings with any matter within the sphere of action of the League or affecting the peace of the world. Except where otherwise expressly provided in this Covenant or by the terms of the present Treaty, decisions at any meeting of the Assembly or of the Council shall require the agreement of all the Members of the League represented at the meeting.
主要机构 (Main organs)	行政院 (Council)	由五个常任委员国，即美国、英国、法国、意大利和日本以及四个非常任委员国代表组成，这四名成员应由大会按其酌情权不时选出。但经大会半数同意，也得增加常任或非常任委员国 行政院同国联大会一样，可以处理"属于联盟行动范围以内或关系世界和平之任何事件"，行政院应根据需要不时在联盟所在地或其他可能决定的地点召开会议，每年至少召开一次 在行政院会议上，出席会议的联盟代表有一票表决权，每个国家代表不得超过一名	The Council shall consist of Representatives of the United States, Great Britain, France, Italy, and Japan as permanent members, with four others elected by the Assembly from time to time in its discretion. With the approval of the majority of the Assembly, the Council may name additional Members of the League whose Representatives shall always be members of the Council; The Council may deal at its meetings with any matter within the sphere of action of the League or affecting the peace of the world. The Council shall meet from time to time as occasion may require, and at least once a year, at the Seat of the League, or at such other place as may be decided upon. At meetings of the Council, each Member of the League represented on the Council shall have one vote, and may have not more than one Representative.

续表

主要机构 (Main organs)	秘书处 (The Permanent Secretariat)	秘书处由一位秘书长、一位秘书和其他工作人员组成。秘书长由行政院经大会的同意来任命。秘书和工作人员由秘书长经行政院的同意任命。国联的会员国代表和国联的工作人员在执行业务时，享有外交特权和豁免权	The Secretariat shall comprise a Secretary General and such secretaries and staff as may be required. The Secretary General shall be appointed by the Council with the approval of the majority of the Assembly. The secretaries and staff of the Secretariat shall be appointed by the Secretary General with the approval of the Council. Representatives of the Members of the League and officials of the League when engaged on the business of the League shall enjoy diplomatic privileges and immunities.
	国际常设法院 (The Permanent Court of International Justice)	1922年成立于海牙，由11名法官和四名后备法官组成。1929年后，取消后备法官，法官增至15名。法院有权审理并裁决当事各方提交给法院的任何国际性争端。法院也可就理事会或大会提交给它的任何争端或问题提出咨询意见①	The Permanent Court of International Justice was founded in 1922 in the Hague and consists of eleven judges and four reserve judges. After 1929, reserve judges were abolished and the number of judges increased to 15. The Court shall be competent to hear and determine any dispute of an international character which the parties thereto submit to it. The Court may also give an advisory opinion upon any dispute or question referred to it by the Council or by the Assembly.

（三）国际联盟的失败及遗产

正如我们所知，国际联盟这座宏伟的"建筑"不久就轰然倒塌，成为一片废墟。在经历了几乎持续不到10年的成功的虚幻时期之后，国际联盟就进入失败的时期，而第二次世界大战是这一失败的最终证明。该联盟于1946年4月19日正式解散，它的权力和职能移交给新生的联合国。

国际联盟自成立起内部就存在许多根本性的矛盾和问题，所以它未

---

① 杨和平：《20世纪战争、和平与国际法》，社会科学文献出版社2014年版，第67页。

能作为一个一般政治性和普遍性组织而延续下来。究其原因，主要包括：

（1）政治上，国联属于战胜国的联盟组织，各战胜国企图通过控制国联来达到自己的目的，这就在各战胜国之间构成不可调和的矛盾。

（2）成员结构上，国联一开始把苏联排斥在外，违背了苏联和世界其他中小国家的根本利益，而美国又因未能达到预想目的而拒绝参加国联，使国联失去了一个世界性国际组织所应具有的普遍性。

（3）盟约内容和组织上，有关解决争端的规定，允许当事国在不接受和平解决程序的3个月之后诉诸战争，这在事实上为进行战争提供了依据。同时，国联的行政院和大会权限不分，并一律采取全体一致通过的表决方法，堵住了国联在必要情况下迅速采取措施的通道，使其"维护国际和平和安全"的职能无法兑现。

1933—1940年，先后有18个国家退出国联。1939年，第二次世界大战爆发，国联事实上已陷于瘫痪。1946年4月8—18日，国联在召开了第21次也是最后一次大会后正式解散，所有财产和档案，包括那座宏伟壮观的办公大楼——万国宫一并移交给当时已经成立的联合国。

从某种程度上讲，正是国际联盟的失败，才铸就了联合国的成功。联合国相对于国际联盟而言，有着明显的继承性。无论是作为成功的探索还是失败的教训，国际联盟都给联合国留下了丰厚的历史遗产。

国际联盟与之前其他国际组织相比，其创新性主要体现在以下几个方面：

（1）常设事务机关——秘书处。在国际联盟中，秘书处为保证文职人员的国际性，坚持独自遴选，由国际联盟任命，而不是由它们本国政府任命。

（2）国际司法制度——国际常设法院。国际联盟的常设法院虽然没有强制性的管辖权，但已经有了审理国际诉讼的权力，可以对各国自愿提出的法律争端宣布判决，对国联机构提出的法律问题发表咨询意见。

（3）和平解决国际争端。国际联盟关于维护和平以及和平解决国际争端的程序设计强调以国联盟约为基础，主张所有的国家都要遵从国联盟约的规定，不得随意侵犯或破坏他国的主权、利益与国家安全，否则的话，国联及其成员国就有权依据国联盟约的相关规定对之实行各种制裁。这是人类历史上第一次将安全机制扩大到全球范围，也是第一个全球性的国际集体安全机制。

可以肯定的是，从组织原则、运行机制到实际效用，联合国相对于国际联盟而言更加完善。但是，它对于国际联盟的继承性也是不容置疑的。国际联盟是人类历史上一个新的创造。它的成功与失败，为联合国的创建、运作与发展积累了成功的经验，也预设了警示牌。①

三、联合国（the United States）

联合国成立于1945年10月24日，是20世纪成立的第二个多用途的国际组织。其总部设于纽约，在日内瓦、维也纳和内罗毕也设有地区办事处，官方语言是阿拉伯语、汉语、英语、法语、俄语和西班牙语。

（一）联合国的筹建过程

时间	事件	意义
1941年8月14日	美国总统罗斯福（Franklin Delano Roosevelt）和英国首相丘吉尔（Winston Leonard Spencer Churchill）在大西洋北部签署了一项联合声明，即《大西洋宪章》，两国领导人提出希望建立一个普遍的、永久的世界安全体系	《大西洋宪章》成为这些国家联合反法西斯的纲领，该宪章的签署也是后来共同创建国际组织的开始
1942年1月1日	26个反法西斯国家在华盛顿签署了一项由美英起草的《联合国家宣言》。该宣言表示，支持《大西洋宪章》的宗旨和原则，共同向法西斯轴心国宣战	在宣言中，首次使用了"联合国家"（the United Nations）一词，后来的"联合国"便由此而来

---

① 杨和平：《20世纪战争、和平与国际法》，社会科学文献出版社2014年版，第94页。

续表

时间	事件	意义
1943年10月19—30日	美国、英国、苏联三国外长在莫斯科举行会议，主要任务是讨论和签署由美国提出并已获得英国赞同的《关于普遍安全的宣言》草案。会议对此达成一致意见。10月30日，中国授权时任驻苏联大使傅秉常代表中国外长出席会议，并在《四国宣言》上签字	大国领导人之间不仅形成建立一个新国际组织的共同意向，而且已经就新国际组织的基本原则达成一致
1943年11月22—26日	中、美、英三国首脑在开罗会议上，就《四国宣言》和中国的大国地位问题进一步交换意见。会议期间，蒋介石为建立战后强有力的国际和平机构问题，分别与罗斯福和丘吉尔交换了意见	中国的这些意见对随后联合国的筹建具有一定的价值。开罗会议提高了中国的国际地位
1944年8月至10月底	英、美、苏及英、美、中分别在华盛顿附近古老的敦巴顿橡树园举行了会议，即敦巴顿橡树园会议	敦巴顿橡树园会议取得的成果意义重大，它公布的《关于建立普遍性的国际组织的建议案》确立了未来联合国宪章的基本轮廓和内容，绘出联合国的蓝图，为旧金山制宪会议奠定了坚实的基础
1945年2月	英国首相丘吉尔、美国总统罗斯福及苏联领导人斯大林在克里米亚半岛的雅尔塔举行了雅尔塔会议。在会议上，大国除了就最后打败法西斯、赔款问题、领土划分问题等达成一致，还取得另一项重要成果，即三巨头就敦巴顿橡树园会议遗留的有关联合国否决权问题和创始会员国问题达成妥协	会议决定于当年4月25日在美国旧金山举行联合国家组织会议，讨论有关《联合国宪章》问题，并确定了参加会议的国家。会议决定"敦巴顿橡树园方案"和"雅尔塔投票公式"将作为旧金山制宪会议的讨论基础

续表

时间	事件	意义
1945年4月25日至6月26日	50个国家的代表团共282名代表参加了在旧金山大歌剧院举行的联合国制宪会议。会议的正式名称是"联合国家国际组织会议"（The United Nations Conference on International Organization）。参加会议的中、美、苏、英四国的首席代表是中国国民政府行政院代理院长兼外交部长宋子文、美国国务卿斯退丁纽斯、苏联外交人民委员莫洛托夫、英国外交大臣艾登①	1945年6月26日，会员国代表出席了《联合国宪章》的签字仪式。50个国家的153名正式代表在五种文字版本的《联合国宪章》上签字，表示一致通过《联合国宪章》10月24日，五个常任理事国和其他24个国家批准了宪章，在获得足够国家的批准之后，《联合国宪章》正式生效，联合国也由此诞生。这一天被定为"联合国日"

（二）主要机关

六大机构

大会根据《联合国宪章》于1945年设立，它作为联合国主要的审议、政策制定和代表机关，占据着中心位置。大会193个会员国各拥有一票 职权：大会授权就其职权范围内的国际问题向各国提供建议。它还主动采取了各种行动——政治、经济、人道主义、社会和法律行动，这些行动使全世界无数人的生活受益（详见《联合国宪章》第四章）	Established in 1945 under the Charter of the United Nations, the General Assembly occupies a central position as the chief deliberative, policymaking and representative organ of the United Nations. Each of the 193 Member States in the Assembly has one vote. Functions and powers: The Assembly is empowered to make recommendations to States on international issues within its competence. It has also initiated actions—political, economic, humanitarian, social and legal—which have benefitted the lives of millions of people throughout the world. See Chapter 4 of the UN Charter.

---

① 李铁成、邓秀杰：《联合国简明教程》，北京大学出版社2015年版，第16页。

续表

会议：大会每年应举行常会，并于必要时举行特别会议 投票原则：有关和平与安全问题的建议、安全理事会和经济及社会理事会（Economic and Social Council）成员的选举以及预算问题——进行的表决需要会员国2/3多数票才能通过，而其他问题则以简单多数票决定 构成：大会由六个主要委员会、全权证书委员会、总务委员会以及其他委员会和附属机构组成	Meetings： The General Assembly shall meet in regular annual sessions and in such special sessions as occasion may require. Voting： Votes taken on designated important issues—such as recommendations on peace and security, the election of Security Council and Economic and Social Council members, and budgetary questions—require a two-thirds majority of Member States, but other questions are decided by a simple majority. Structure： The Assembly consists of six Main Committees, the Credentials Committee, the General Committee and other committees and subsidiary bodies.
安全理事会根据《联合国宪章》，负有维护国际和平与安全的首要责任 成员：安理会有15个理事国，每个理事国有一个投票权。五个常任理事国是：中国、法国、俄罗斯联邦、大不列颠及北爱尔兰联合王国和美利坚众国。每年大会选举产生五个非常任理事国成员（共10个），任期两年 职权：安全理事会率先断定对和平的威胁或侵略行为是否存在。安理会促请争端各方以和平手段解决争端，并建议调整办法或解决问题的条件。在有些情况下，安全理事会可以实行制裁，甚至授权使用武力，以维护或恢复国际和平与安全。安理会还就秘书长的任命向大会提出建议，并与大会共同选举国际法院的法官	The Security Council has primary responsibility for the maintenance of international peace and security. Members： It has 15 Members, and each Member has one vote. The Security Council consists of ten elected members, and five permanent members-China, the United States, France, the United Kingdom, and the Russian Federation. Each year the General Assembly elects five non-permanent members (out of 10 in total) for a two-year term. Functions and powers： The Security Council takes the lead in determining the existence of a threat to the peace or act of aggression. It calls upon the parties to a dispute to settle it by peaceful means and recommends methods of adjustment or terms of settlement. In some cases, the Security Council can resort to imposing sanctions or even authorize the use of force to maintain or restore international peace and security. The Security Council also recommends to the General Assembly the appointment of the Secretary-General and, together with the Assembly, to elect the Judges of the International Court of Justice.

续表

会议：安理会定期会议每年应举行两次，时间由安全理事会自行决定 表决原则：安全理事会关于程序事项的决议，应以九个理事国的可决票表决。安全理事会对于其他一切事项之决议，应以九个理事国的可决票，包括全体常任理事国的同意票表决通过	Meetings: Periodic meetings of the Security Council shall be held twice a year, at such times as the Security Council may decide. Voting: Decisions of the Security Council on procedural matters shall be made by an affirmative vote of nine members. Decisions of the Security Council on all other matters shall be made by an affirmative vote of nine members including the concurring votes of the permanent members.
经济及社会理事会是联合国系统推进可持续发展三大层面——经济、社会和环境——的核心机构，是促进辩论和创新思维、就前进之路营造共识和协调各方努力以实现国际商定目标的中心平台，同时还负责联合国各次主要会议和首脑会议的后续活动 成员：经社理事会共有54个理事国，它们经大会选举产生，任期为三年。理事会的席位按地域代表制分配 投票原则：经济及社会理事会每个理事国应有一个投票权。理事会决议应以到会及投票之理事国过半数表决 会议：理事会每年通常举行一届组织会议和一届实务会议，在一些情况下可以召开特别会议 附属机构：包括职司委员会、区域委员以及常设委员会等	The Economic and Social Council is at the heart of the United Nations system to advance the three dimensions of sustainable development-economic, social and environmental. It is the central platform for fostering debate and innovative thinking, forging consensus on ways forward, and coordinating efforts to achieve internationally agreed goals. It is also responsible for the follow-up to major UN conferences and summits. Members: ECOSOC has 54 member Governments which are elected for three-year terms by the General Assembly. Seats on the Council are allotted based on geographical representation. Voting: Each member of the Economic and Social Council shall have one vote. Decisions of the Economic and Social Council shall be made by a majority of the members present and voting. Meetings: The Council shall normally hold an organizational session and one substantive session a year. In some cases, special sessions shall be convened. Subsidiary Bodies of ECOSOC: Including ECOSOC Functional Commissions, ECOSOC Regional Commissions, ECOSOC Standing Committees.

续表

《联合国宪章》在建立国际托管制度过程中设立了托管理事会，作为联合国的一个主要机关，规定其任务为监督置于托管制度之下的托管领土的管理。托管制度的主要目标是促进托管领土居民的进展以及托管领土朝自治或独立方向的逐渐发展 成员：托管理事会由安全理事会的五个常任理事国组成，即中国、法国、俄罗斯联邦、大不列颠及北爱尔兰联合王国和美利坚合众国 随着联合国剩下的最后一个托管领土帕劳于1994年10月1日取得独立，托管理事会于1994年11月1日停止运作	In setting up an International Trusteeship System, the Charter established the Trusteeship Council as one of the main organs of the United Nations and assigned to it the task of supervising the administration of Trust Territories placed under the Trusteeship System. The main goals of the System were to promote the advancement of the inhabitants of Trust Territories and their progressive development towards self-government or independence. Members: The Trusteeship Council is made up of the five permanent members of the Security Council-China, France, the Russian Federation, the United Kingdom and the United States. The Trusteeship Council suspended its operations on 1 November 1994, a month after the independence of Palau, the last remaining United Nations trust territory.
国际法院为联合国主要司法机关，于1945年6月根据《联合国宪章》设立，并于1946年4月开始工作。国际法院设在荷兰海牙和平宫。国际法院具有双重作用：依照国际法解决各国向其提交的法律争端，并就正式认可的联合国机关和专门机构提交的法律问题提供咨询意见	The International Court of Justice (ICJ) is the principal judicial organ of the United Nations (UN). It was established in June 1945 by the Charter of the United Nations and began work in April 1946. The seat of the Court is at the Peace Palace in The Hague (Netherlands). Functions: The Court's role is to settle, in accordance with international law, legal disputes submitted to it by States and to give advisory opinions on legal questions referred to it by authorized United Nations organs and specialized agencies.
构成：法院由15名法官组成，由联合国大会和安全理事会选举产生，任期九年。每三年改选法院1/3的法官。书记官处是法院的常设行政机关，只向法院负责。书记官长在副书记官长的协助下领导书记官处的工作	Constitute: The Court is composed of 15 judges, who are elected for terms of office of nine years by the GA and the SC. One third of the Court is elected every three years. The Registry is the permanent administrative secretariat of the Court. It is accountable to the Court alone. It is headed by a Registrar, assisted by a Deputy-Registrar.

续表

语言：正式语言为英文和法文 国际法院执行职务时一般由全体法官开庭（法官九人，不包括专案法官，即足以构成法定人数），但也可设立常设或临时（特设）分庭	Its official languages are English and French. The Court generally discharges its duties as a full Court (a quorum of nine judges, excluding judges ad hoc, being sufficient). But it may also form permanent or temporary chambers.
秘书处下设多个部门，各办事处和部门间相互协调，确保团结一致完成联合国各项日常工作。联合国秘书处的首长是秘书长 职能：秘书处负责行政管理、预算、语言以及根据大会、安全理事会和其他机关的指示，处理联合国实务工作和行政工作，为这些机构提供服务	The Secretariat, is organized along departmental lines. Offices and departments coordinate with each other to ensure cohesion as they carry out the day to day work of the Organization in offices and duty stations around the world. At the head of the United Nations Secretariat is the Secretary-General. Functions: The Secretariat is responsible for the administration, budget, languages, carry out and service the substantive and administrative work of the United Nations as directed by the General Assembly, the Security Council and other bodies.
秘书长的职权： 《联合国宪章》规定，秘书长是联合国的首席行政长官，履行行政长官的职务，以及安理会、大会、经社理事会及其他联合国机构"所托付之其他职务"。《联合国宪章》还规定秘书长有权力"将其所认为可能威胁国际和平及安全之任何事件，提请安全理事会注意"	Functions and powers of the Secretary-General: The Charter describes the Secretary-General as "chief administrative officer" of the Organization, who shall act in that capacity and perform "such other functions as are entrusted" to him or her by the Security Council, General Assembly, Economic and Social Council and other United Nations organs. The Charter also empowers the Secretary-General to "bring to the attention of the Security Council any matter which in his opinion may threaten the maintenance of international peace and security".

（三）联合国发展的现状及问题

1. 联合国发展的现状

联合国作为一个国际性组织，于 1945 年成立，现有会员国 193 个。联合国的宗旨和工作以《联合国宪章》中规定的机构目标和原则为出发点。

基于《联合国宪章》赋予的权力及其独特的国际性质，联合国可就人类在 21 世纪面临的一系列问题采取行动。目前的主要优先事项包括：促进持续经济增长和可持续发展；维护国际和平与安全；非洲的发展；促进和保护人权；有效协调人道主义援助；促进司法和国际法；裁军；毒品管制、预防犯罪和打击恐怖主义。①

OUR KEY PRIORITIES
- Promotion of sustained economic growth and sustainable development
- Maintenance of international peace and security
- Development of Africa
- Promotion and protection of human rights
- Effective coordination of humanitarian assistance
- Promotion of justice and international law
- Disarmament
- Drug control, crime prevention and combating terrorism

联合国的现任（即第九任）秘书长是来自葡萄牙的安东尼奥·古特雷斯（António Guterres），他于 2017 年 1 月 1 日起担任此职务。

联合国系统包括联合国自身以及被称为方案、基金和专门机构的多个附属组织。这些组织有自己的会员、领导和预算。联合国各方案和基金通过自愿捐助而非分摊会费获得资金。各专门机构是独立的国际组织，并通过自愿捐助和分摊会费获得资金。②

方案和基金包括：联合国开发计划署、联合国环境规划署、联合国人口基金、联合国人居署、联合国儿童基金会、毒品与犯罪问题办公室、粮食计划署等。

联合国专门机构包括：国际劳工组织，联合国粮食及农业组织，国际民用航空组织，国际农业发展基金，国际海事组织，国际电信联盟，

---

① 《秘书长关于联合国工作的报告》（A/74/1，第 74 届），联合国官网，2019 年 9 月，第 5 页，https://www.un.org/annualreport/。

② 联合国系统结构图，详见附录一（中文）和附录二（英文）。

联合国教育、科学及文化组织，联合国工业发展组织，世界旅游组织，万国邮政联盟，世界卫生组织，世界知识产权组织，世界气象组织，世界银行等。

其他实体和机构包括：联合国艾滋病毒/艾滋病联合规划署、联合国难民事务高级专员办事处、联合国裁军研究所、联合国近东巴勒斯坦难民救济和工程处、联合国妇女署等。

2. 联合国治理机制的改革

联合国的机构设置、管理体制及权力分配机制越来越无法适应现实需要，这是联合国出现治理危机的主要原因。尤其是在传统安全威胁和非传统安全威胁相互交织、国际冲突根源日益多样化和复杂化的背景下，国际社会要求联合国采取综合性应对之策来维护国际和平与安全。

古特雷斯推动的联合国治理机制改革主要针对三个方面的问题，这些问题实际上也是联合国的危机之所在。

第一，体系的碎片化状况损害了联合国工作的整体性和有效性。各机构间有效协调不足、相互竞争及井式管理模式导致联合国系统碎片化现象严重，尤其是发展系统的内部分裂广受诟病，各基金、方案和专门机构各自为政的现象突出。这种体制上的缺陷制约了联合国效用的发挥。减少碎片化客观上要求在组织架构和领导体制上强化统一领导，提升系统的一体化和协调性。

第二，管理滞后和缺乏灵活性削弱了联合国的威信和有效应对危机的能力。古特雷斯上任后任命的专家组针对联合国管理状况进行了研究，提出以下几个方面的突出问题：服务交付缓慢和缺乏责任，管理结构不成体系，业绩管理文化薄弱，授权任务资源存在缺口，使得用于执行任务的资源管理不力，缺乏透明和问责，会员国与秘书处之间缺乏信任。规划和预算编制周期过长，导致联合国资源无法与实际需求有效匹配，不能有效应对预算执行期间产生的新任务需求。秘书长缺乏对不同活动的资源进行调配的酌处权，也限制了联合国更加灵活地分配资源和更加迅速地应对不断变化的情势。

第三，发展资金供给结构失衡破坏了联合国的多边主义特征。联合国发展系统是由一系列致力于促进国际发展的相互关联的联合国机构、基金、方案及其他实体组成的复合体。尽管 2017 年发展方面业务活动的捐款达到 336 亿美元，是联合国所获捐款最大的组成部分，但是联合国发展系统仍长期面临资金供给不足和资源结构失衡的困扰。发展系统的资金主要分为可由联合国机构支配使用的核心资源和由捐资者指定用途的非核心资源。2011 年以来，核心资源在供资总额中的占比持续下降，2017 年仅为 20.6%，是历史最低点。由于非核心资源的供给取决于捐赠国意愿，其投放往往与捐赠国的利益和偏好高度相关，这极大地限制了各实体依据战略规划合理分配资源的能力，甚至沦为捐资大国的工具，破坏了其多边主义特征。①

针对这些问题，秘书长古特雷斯也从制度层面确立了提升联合国治理水平的基本思路，并形成自己的特色。目前，联合国正在对发展、管理以及和平与安全三大支柱进行彻底改革。新机构和新工作机制已于 2019 年 1 月 1 日开始运作。②

表 1—1　2018—2019 年度秘书长采取的重要举措

发展系统改革	启动新一代联合国国家工作队，以可持续发展合作框架为中心，并由赋权的驻地协调员领导	Launched a new generation of United Nations country teams centred on Sustainable Development Cooperation Frameworks and led by empowered Resident Coordinators.
管理改革	启动一项新的管理模式，改进任务交付：新的分散型权力下放、问责和监测框架、业务支助与政策支助、年度方案预算，以及为简化流程的政策框架审查	Launched a new management paradigm to improve mandate delivery: new decentralized delegation of authority, accountability and monitoring framework, operational support and policy support, annual programme budget, and review of policy framework to simplify processes.

---

①　毛瑞鹏："古特雷斯联合国改革议程与中国的建设性角色"，《国际展望》2020 年第 2 期，第 39—57、第 150—151 页。

②　尚洪强："联合国和平与安全改革最新方案解析"，《现代世界警察》2019 年第 6 期，第 16—19 页。

续表

和平与安全改革	重组支柱,将预防和保持和平列为优先事项,提高和平行动的效力,迈向单一、综合的和平与安全支柱,并改善跨支柱的协调和联合国在支助整个和平连续进程中的一致性①	Restructured the pillar to prioritize prevention and sustaining peace, enhance effectiveness of peace operations, move towards a single, integrated peace and security pillar, improve cross-pillar coordination and coherence of United Nations support across the peace continuum.

资料来源:联合国官网。

---

① 《秘书长关于联合国工作的报告》(A/74/1,第74届),联合国官网,2019年9月,第18页。

第二章 联合国行动使命：维护世界和平与安全

章节导读

★学习目标
- 了解集体安全的概念，理解联合国集体安全机制的演变；
- 掌握联合国维和行动机构及维和行动的演变历史，掌握中国对联合国维和行动的贡献。

★本章导读
- 两次世界大战带来的深重灾难促使各国领导人思考如何才能避免惨不堪言之战祸。国际联盟和联合国都是集体安全理论的具体实践，是具有普遍性的集体安全组织（collective security organizations）。建立在集体安全基础上的国际组织是否可以避免世界大战再次爆发，建立永久和平（a lasting peace）？集体安全如何发挥作用？集体安全的实现受到哪些条件限制？联合国的维和行动是否发挥了维护和平的作用？本章将从集体安全与维和行动的定义出发，分别对联合国集体安全机制和联合国的维和行动等内容进行详细介绍，使读者对联合国的集体安全机制及维和行动有初步的了解，同时也与本书其他章节有所关联。

第一节 集体安全与联合国

2004年，时任联合国秘书长科菲·安南（Kofi Annan）在向联合国大会转递《一个更安全的世界：我们的共同责任》报告的送文函中表示:"我完全赞同该报告主张建立一个更广泛、更全面的集体安全体制的核心理念:这一体制将应付新老威胁,并处理包括富国和穷国、弱国和强国在内的所有国家的安全关切。"

2004年,在安南秘书长任命的"威胁、挑战和改革问题高级别小组"提交的名为《一个更安全的世界:我们的共同责任》的报告中指出:"联合国从来没有打算成为一个乌托邦,它本意是要成为一个行之有效的集体安全体制。"	The 2004 Report of the High-level Panel on Threats, Challenges and Change, "A more secure world: Our shared responsibility" stated: "The United Nations was never intended to be a utopian exercise. It was meant to be a collective security system that worked."

一、集体安全定义

《联合国宪章》明确了维护国际和平与安全是联合国的首要目标。《联合国宪章》第七章(Chapter VII)的强制性条款保证了联合国在集体安全方面发挥核心作用。

《联合国宪章》第七章涉及的强制性条款包括: ● 经济制裁 ● 武器禁运 ● 金融处罚及限制措施 ● 旅行禁令 ● 断绝外交关系 ● 封锁 ● 集体军事行动	enforcement measures ● economic sanctions; ● arms embargoes; ● financial penalties and restrictions; ● travel bans; ● Severance(遣散)of diplomatic relations; ● blockade;

集体安全(collective security)是相对于个体安全而言的。个体安全保障即自卫(self-defense),是指主权国家(state)凭借本国力量或联合盟友以阻止其他国家的进攻,维护自身安全的一种机制。集体安全

指的是国际社会所设想的,以集体的力量威慑或制止成员内部可能出现的侵略,维护每一个国家安全的国际安全保障机制。集体安全体系要求各国共享安全、共担风险,以国际社会的整体安全求得各国自身的安全。[1] 因为恐惧来自整个集体所有其他成员国的报复,所以理性的政府不愿意侵略其他国家,或者是破坏和平。

集体安全机制不同于同盟(alliance),同盟往往会在存在冲突或者冲突威胁的国际环境中形成,指的是成员国为了防御或者进攻共同的敌人而建立起来的同盟制度。同盟被认为是一个潜在的战争共同体,其基础是总体合作,这种合作并不完全拘泥于正式协约。缔约方必须不断地审时度势,以使各方对彼此履行具体义务的诚意抱有信心。[2] 集体安全的前提是所有主权国家在阻止战争和侵略方面有共同利益,对一国的侵略被视为对整个集体的侵略,整个集体将援助受害国反对侵略国。借助集体安全维护和平的机制有两个,即"我为人人"和"人人为我"。所谓"我为人人",指的是一旦出现侵略国,集体中的任何成员国将共同阻止侵略国从侵略中收益,从而保证国际体系的现状(status quo)。"人人为我"指的是借助集体威慑,阻止潜在侵略者。集体安全的实现有以下条件:其一,集体安全机制的建立,必须获得大多数国家的认可和承诺。在集体安全机制中,国际现状可以改变,但国家不能通过发动侵略战争来实现目标,而必须同意和平解决争端,通过谈判改变现状。有的国家有不接受该规范的可能,这样采用集体武力维持机制则成为必要。其二,集体安全反对国家只考虑自我利益的倾向。自助世界体系中的国家必然首先考虑自我核心利益,如果一国的核心利益没有受到威胁,它将有可能作壁上观,而集体安全自然反对这种态度。实际上,集体安全给国家留下的活动空间并不大,这种互助体系要求国家采取行动时不顾及自我利益的多寡,而首先虑及集体利益维护的必要。[3] 第三,集体安全的成功与否离不开大国权力均势关系。国际联盟的失败固然与

---

[1] Charles A. Kupchan and Clifford A. Kupchan, "The Promise of Collective Security", *International Security*, Vol. 20, No. 1, 1995, pp. 52 – 61.

[2] [美]詹姆斯·多尔蒂、小罗伯特·普法尔茨格拉夫,阎学通、陈寒溪等译:《争论中的国际关系理论》,世界知识出版社2013年版,第564页。

[3] 门洪华:"集体安全辨析",《欧洲研究》2001年第5期,第12页。

国联本身软弱有关，但是战争的发生不是集体安全思想的错误，而是均势体系再次解体的结果。人们对集体安全期望值过高，往往忽视了军事外交仍在起消极作用。[①] 冷战时期联合国所代表的集体安全体系遭受的挫折与停滞，同样与大国均势有关。例如联合国五个常任理事国的"否决权"（veto power），即是二战后大国均势关系在联合国集体安全组织上的体现。正是"大国一致"原则，保证了在大国立场不一致的情况下，安理会不能采取措施侵犯任何一个大国的利益，从而避免了冷战时期美苏两个超级大国之间的迎头相撞，在整体上维持了战后的世界和平状态。[②]

集体安全要求国家之间必须相互信任，成员国遵守各自的道德义务和国际法义务在集体安全中扮演着重要角色。考虑到国际政治的现实，集体安全的理论与现实之间会存在比较大的鸿沟。国际联盟和联合国的建立，是迄今为止国际社会为实现集体安全而做的两次重大努力。从这两次实践可以看出，集体安全关注当今国际安全，更重视未来永久和平。有许多国际现象说明，集体安全思想正在影响着国家的对外政策和思维方式，一系列多边合作、区域性国际组织的形成都可以从集体安全中找到源头。[③]

二、关于集体安全制度的两次实践

（一）国际联盟

第一次世界大战后国际联盟的成立，被认为是集体安全理论的一次重大实践。第一次世界大战造成巨大的人员和财富损失，各国和平主义盛行，各国政治家积极寻求根除战争、寻求和平的方案，以国际联盟为代表的集体安全体系被设计出来。第一次世界大战期间，美国总统伍德

[①] 郭学堂：《人人为我，我为人人——集体安全体系研究》，上海人民出版社2010年版，第54页。

[②] 徐蓝："世界大战、集体安全与人类文明的进步"，《世界历史》2015年第4期，第6页。

[③] 郭学堂：《人人为我，我为人人——集体安全体系研究》，上海人民出版社2010年版，第9页。

罗·威尔逊提出《世界和平纲领》,即"十四点计划",其中第十四点就是成立一个具有特定盟约的普遍性的国际联盟,大小国家都能相互保证政治独立和领土完整,认为这是达到永久和平的全部外交政策的基础。

国际联盟的集体主义原则主要体现在《国联盟约》的第5、10、11、16条款中,[①] 基本内容是:国联大会或行政院之决议需出席会议之会员国全体同意,即"全体一致"原则;会员国尊重并保持所有各会员国之领土完整及现有之政治独立,以防御外来之侵犯;凡任何战争或战争之威胁,皆为有关联盟全体之事,联盟应采取适当有效之措施以保持各国间之和平;会员国如违背盟约而从事战争,其他会员国有权对其进行经济、军事及政治制裁。

The Covenant of the League of Nations
(Including Amendments adopted to December, 1924)
ARTICLE 5.
……decisions at any meeting of the Assembly or of the Council shall require the agreement of all the Members of the League represented at the meeting.
ARTICLE 10.
The Members of the League undertake to respect and preserve as against external aggression the territorial integrity and existing political independence of all Members of the League. In case of any such aggression or in case of any threat or danger of such aggression the Council shall advise upon the means by which this obligation shall be fulfilled.
ARTICLE 11.
Any war or threat of war, whether immediately affecting any of the Members of the League or not, is hereby declared a matter of concern to the whole League, and the League shall take any action that may be deemed wise and effectual to safeguard the peace of nations. In case any such emergency should arise the Secretary General shall on the request of any Member of the League forthwith summon a meeting of the Council.
It is also declared to be the friendly right of each Member of the League to bring to the attention of the Assembly or of the Council any circumstance whatever affecting international relations which threatens to disturb international peace or the good understanding between nations upon which peace depends.

---

① 徐蓝:"世界大战、集体安全与人类文明的进步",《世界历史》2015年第4期,第5页。

续表

> ARTICLE 16.
> Should any Member of the League resort to war……, it shall ipso facto be deemed to have committed an act of war against all other Members of the League, which hereby undertake immediately to subject it to the severance of all trade or financial relations, the prohibition of all intercourse between their nationals and the nationals of the covenant-breaking State, and the prevention of all financial, commercial or personal intercourse between the nationals of the covenant-breaking State and the nationals of any other State, whether a Member of the League or not.
> It shall be the duty of the Council in such case to recommend to the several Governments concerned what effective military, naval or air force the Members of the League shall severally contribute to the armed forces to be used to protect the covenants of the League.
> The Members of the League agree, further, that they will mutually support one another in the financial and economic measures which are taken under this Article, in order to minimise the loss and inconvenience resulting from the above measures, and that they will mutually support one another in resisting any special measures aimed at one of their number by the covenant-breaking State, and that they will take the necessary steps to afford passage through their territory to the forces of any of the Members of the League which are co-operating to protect the covenants of the League.
> Any Member of the League which has violated any covenant of the League may be declared to be no longer a Member of the League by a vote of the Council concurred in by the Representatives of all the other Members of the League represented thereon.

作为世界上第一个由主权国家组成的常设国际组织，国际联盟是国际政治和国际法的重要体现，是各国希望通过集体安全来维护和平，用协商和仲裁方式解决国际争端的理念的继续实践。它第一次将集体安全的理念制度化，其在推进国际社会有序发展、维护中小国家正当权益、促进国际和平与合作等方面所做的有益工作，对集体安全机制的运作与发展具有重要影响。特别是1928年签署的"非战公约"（Kellogg-Briand Pact），全称《关于废弃战争作为国家政策工具的普遍公约》，也称《巴黎非战公约》，在国际法上宣布战争非法，进一步强化了集体安全。

但是国际联盟本身存在严重漏洞：其一，盟约对"侵略"和"侵略者"的含义并未做出明确规定，这就不仅给了侵略者以可乘之机，也使操纵国联的列强可以对条文做出任意解释；其二，盟约规定对侵略者实行制裁,却未规定制裁的具体措施;其三,盟约规定代表大会和行政院的决议须全体大会一致通过才能成立,这就使任何一个会员国都拥有否决权,都可以阻挠关于制裁侵略的决议的通过。另外,国联并不具有真正的普遍性和权威性,美国始终不是它的成员,苏联长期被拒之门外,法西斯国家日本、德国和意大利相继退出,不受约束,从而使集体安全有名无实。[1] 上述种种限制导致国际联盟缺乏制止战争的"牙齿",在达成集体安全方面遭遇一个又一个失败。例如,1931年日本发动"9·18"事变侵占中国东北后,日本引用《国联盟约》第5条对国联决议投否决票,严重限制了国联采取行动的能力。1933年,在国联通过另一项谴责日本侵略战争决议后,日本宣布退出国联,国际联盟集体安全的软弱性暴露无遗。1935年意大利发动了侵略阿比西尼亚(今埃塞俄比亚)的战争、1936年纳粹德国和法西斯意大利武装干涉西班牙内战、1937年7月7日日本发动全面侵华战争、1938年德国吞并奥地利并肢解捷克斯洛伐克、1939年德国灭亡捷克斯洛伐克并发动对波兰的侵略战争时,国联的集体安全原则都未能发挥作用,国联盟约均沦为一纸空文。以国联为代表的集体安全体系彻底失败。[2]

(二) 联合国

第二次世界大战后建立的联合国吸取了国际联盟失败的教训,对国联的集体安全机制进行了较大改造,以便更有效地实现集体安全目标。《联合国宪章》中涉及集体安全的规定集中体现在第一、五、六、七章的条款当中。其基本内容是:联合国的宗旨是维护国际和平及安全;各会员国须废弃战争,以和平手段解决国际争端(单独或集体自卫,以及由安理会授权或采取的武力行动除外),在其国际关系上不得使用威胁或武力侵害任何国家之领土完整或政治独立;安全理事会具有维持国际

---

[1] 徐蓝:"世界大战、集体安全与人类文明的进步",《世界历史》2015年第4期,第5页。
[2] 徐蓝:"世界大战、集体安全与人类文明的进步",《世界历史》2015年第4期,第5页。

和平及安全之主要责任,在形成重大决议方面,中国、法国、苏联(俄罗斯)、英国、美国五个常任理事国具有否决权,即实行"大国一致"原则;规定任何争端当事国应选择和平方法解决争端;对于威胁、破坏和平及侵略行为之应付方法,安理会可决定采用武力之外的各种方法对当事国实行制裁,如和平手段不足以恢复和平,安理会得采取必要之空海陆军行动,以维持或恢复国际和平及安全等。

CHARTER OF THE UNITED NATIONS
CHAPTER I: PURPOSES AND PRINCIPLES (Articles 1 – 2)
Article 1
The Purposes of the United Nations are:
1. To maintain international peace and security, and to that end: to take effective collective measures for the prevention and removal of threats to the peace, and for the suppression of acts of aggression or other breaches of the peace, and to bring about by peaceful means, and in conformity with the principles of justice and international law, adjustment or settlement of international disputes or situations which might lead to a breach of the peace;
2. To develop friendly relations among nations based on respect for the principle of equal rights and self-determination of peoples, and to take other appropriate measures to strengthen universal peace;
3. To achieve international co-operation in solving international problems of an economic, social, cultural, or humanitarian character, and in promoting and encouraging respect for human rights and for fundamental freedoms for all without distinction as to race, sex, language, or religion;
4. To be a centre for harmonizing the actions of nations in the attainment of these common ends.
Article 2
The Organization and its Members, …… shall act in accordance with the following Principles.
1. The Organization is based on the principle of the sovereign equality of all its Members.
2. All Members, in order to ensure to all of them the rights and benefits resulting from membership, shall fulfill in good faith the obligations assumed by them in accordance with the present Charter.
3. All Members shall settle their international disputes by peaceful means in such a manner that international peace and security, and justice, are not endangered.
4. All Members shall refrain in their international relations from the threat or use of force against the territorial integrity or political independence of any state, or in any other manner inconsistent with the Purposes of the United Nations.

续表

5. All Members shall give the United Nations every assistance in any action it takes in accordance with the present Charter, and shall refrain from giving assistance to any state against which the United Nations is taking preventive or enforcement action.

6. The Organization shall ensure that states which are not Members of the United Nations act in accordance with these Principles so far as may be necessary for the maintenance of international peace and security.

7. Nothing contained in the present Charter shall authorize the United Nations to intervene in matters which are essentially within the domestic jurisdiction of any state or shall require the Members to submit such matters to settlement under the present Charter; but this principle shall not prejudice the application of enforcement measures under Chapter Ⅶ.

CHAPTER Ⅵ: PACIFIC SETTLEMENT OF DISPUTES (Articles 33 – 38)
Article 33
1. The parties to any dispute, the continuance of which is likely to endanger the maintenance of international peace and security, shall, first of all, seek a solution by negotiation, enquiry, mediation, conciliation, arbitration, judicial settlement, resort to regional agencies or arrangements, or other peaceful means of their own choice.
2. The Security Council shall, when it deems necessary, call upon the parties to settle their dispute by such means.
Article 34
The Security Council may investigate any dispute, or any situation which might lead to international friction or give rise to a dispute, in order to determine whether the continuance of the dispute or situation is likely to endanger the maintenance of international peace and security.
……

CHAPTER Ⅶ: ACTION WITH RESPECT TO THREATS TO THE PEACE, BREACHES OF THE PEACE, AND ACTS OF AGGRESSION (Articles 39 – 51)
Article 39
The Security Council shall determine the existence of any threat to the peace, breach of the peace, or act of aggression and shall make recommendations, or decide what measures shall be taken in accordance with Articles 41 and 42, to maintain or restore international peace and security.
……
Article 41
The Security Council may decide what measures not involving the use of armed force are to be employed

to give effect to its decisions, and it may call upon the Members of the United Nations to apply such measures. These may include complete or partial interruption of economic relations and of rail, sea, air, postal, telegraphic, radio, and other means of communication, and the severance of diplomatic relations.

……

Article 42

Should the Security Council consider that measures provided for in Article 41 would be inadequate or have proved to be inadequate, it may take such action by air, sea, or land forces as may be necessary to maintain or restore international peace and security. Such action may include demonstrations, blockade, and other operations by air, sea, or land forces of Members of the United Nations.

……

Article 44

When the Security Council has decided to use force it shall, before calling upon a Member not represented on it to provide armed forces in fulfilment of the obligations assumed under Article 43, invite that Member, if the Member so desires, to participate in the decisions of the Security Council concerning the employment of contingents of that Member's armed forces.

……

Article 51

Nothing in the present Charter shall impair the inherent right of individual or collective self-defence if an armed attack occurs against a Member of the United Nations, until the Security Council has taken measures necessary to maintain international peace and security. Measures taken by Members in the exercise of this right of self-defence shall be immediately reported to the Security Council and shall not in any way affect the authority and responsibility of the Security Council under the present Charter to take at any time such action as it deems necessary in order to maintain or restore international peace and security.

鉴于国际联盟缺乏强制力行动而未能阻止第二次世界大战爆发，联合国的创立者格外强调新的集体安全组织的有效性。联合国六大主要机构中负责和平解决争端的有四个——联合国大会、安全理事会、国际法院和秘书处，其中安理会有权判断是否存在"侵略"，并有权命令成员国采取和平外交手段乃至强制力手段，包括军事制裁、军事行动等，以便维持或恢复国际和平与安全。在实践中，联合国集体安全的基本模式是，大会进行讨论，由安理会常任理事国先进行非正式磋商，而后在安理会、常任理事国和秘书长之间的磋商中得出某种结论。[①] 冷战期间，由于美苏争霸，在安理会出现相互使用否决权问题，安理会实际作用非常小。为了解决这一问题，1950年联合国大会通过377号"联合一致共策和平"决议（Uniting for peace），决议规定安理会遇有威胁和平、破坏和平，或侵略行为发生时，如因常任理事国未能一致同意采取行动，履行责任，那么大会应立即考虑此事，向会员国提出集体行动妥当建议，必要时使用武力以维持或恢复国际和平与安全。1956年，联大根据这一决议在中东设立第一支联合国基金部队。需要指出的是，这一决议模糊了联大与安理会在处理和平与安全方面的权力和权限。由于安理会负有维护国际和平与安全的主要责任，加之安理会才是联合国维和行动（PKO）法定授权（mandate）机构，安理会在做出集体安全决策方面仍有巨大的权威。

在实践集体安全方面，尽管受美苏冷战关系的影响，联合国相当长一段时期成为以美国为首的西方国家进行冷战的工具，操纵联合国通过对朝鲜武装干涉的决议就是其中的典型案例。但联合国成立75周年以来，在集体安全上做了大量工作，如在处理克什米尔争端、苏伊士运河战争、黎巴嫩问题上做出富有成效的努力。20世纪60年代，联合国倡导"民族自决"规范，推动了亚非拉民族独立与解放运动的新高潮。这其中有44个亚非国家加入了联合国，这使得联合国从作为大国之间博弈和争夺权力的场所变成反对霸权、伸张正义的平台。同时期，联合国在调停阿以冲突、印巴冲突和古巴导弹危机中作用显著，并实施了联合国刚果维和行动。不仅如此，第18届联合国大会对《联合国宪章》第23、27、61条进行了修正，扩大了安理会非常任理事国和经社理事会理事国的席位。这些实践无疑是对集体安全机制的较大发展和完善。联合国在预防战争、建设和平以及裁军和军控领域也取得重要成就。此外，联合国在推动人权、促进全球经济可持续发展方面也做出重要努力。

---

① 门洪华：《和平的维度：联合国集体安全机制研究》，上海人民出版社2002年版，第215页。

2003 年 3 月，美国小布什（George Walker Bush）总统抛开联合国发动了伊拉克战争，说明联合国无力制止一个超级大国的单边行动。为更好地应对世界上新的、不断变化的安全威胁，2003 年 9 月时任联合国秘书长科菲·安南成立了由泰国前总理阿南·班雅拉春（Arand Panyarachun）先生担任主席的"威胁、挑战和改革问题高级别小组"，由 16 名前国家元首和外交部部长以及安全、军事、外交和发展等方面的官员组成。2004 年该小组提交了一份名为《一个更安全的世界：我们的共同责任》的报告，提出需要对新的集体安全体制达成新的共识。①

三、集体安全制度的困境

通过梳理国际联盟和联合国这两个典型的集体安全组织的行动可以发现，集体安全制度存在三个主要缺点：第一，集体安全制度存在承诺难题（commitment gap）；第二，集体安全制度存在集体行动困境；第三，集体安全制度存在共同决策的难题。以联合国为例，截至 2020 年，联合国已有 193 个成员国，却难以阻止主权国家为了追求本国私利而背离集体行动，从而损害了集体安全。当今国际社会处于一种无政府状态（anarchy），没有一个超越国家主权之上的世界政府来进行全球治理，主权国家势必根据本国国家利益偏好采取行动，从而影响到集体安全目标的达成。特别是，如果集体行动的对象是大国的盟国，那么指望大国承诺进行集体行动的可信度将大大降低。

所谓集体行动困境，指的是联合国难以像主权国家那样征税和拥有军队等暴力机构，这意味着联合国主要依靠成员国的贡献（contribution）。联合国提供与安全、发展和人权相关的公共物品仍然会涉及成本和收益问题，会面临搭便车者（free-rider）问题。集体安全体系之内的国家将国家自身利益和体系共同利益放在同等重要的位置。但现实

---

① A/59/565, Note [transmitting report of the High-level Panel on Threats, Challenges and Change, entitled "A more secure world: our shared responsibility"], https：//digitallibrary.un.org/record/536113? ln = zh_CN.

是，在不违背自己国家原则、不损伤本国利益的前提下，成员国可能会参加一些临时性的维护体系安全的行动；但如果行动一旦涉及本国的政治、经济、安全和其他方面的利益，无论国家规模大小或实力强弱，它们大概率会选择放弃本次行动。①

集体安全组织中的共同决策问题也很严重。联合国安理会决议具有强制力，安理会决策的基础是"大国一致"原则，即5个常任理事国拥有特殊投票权，即"否决权"。所谓否决权，指的是涉及联合国非程序性事项的决议需要安理会15个成员国中9个理事国的赞成票，如果"五大国"中有任何一国投反对票，那么有关决议或决定就通不过。成员国对于安全问题的分歧是客观存在的，例如对"侵略行为"的界定、对"合法自卫权"（self-defense）的界定、在"人道主义干预"上的分歧等。这些分歧不能解决，联合国的集体行动就难以实施。由此可见，集体安全的设想事实上规划的是一个过于理想化的制度或体系，它往往忽视了国际政治的本质以及国家之间既有的利益冲突。

第二节 联合国维和行动

一、维和行动定义及其法律依据

事实证明，维和行动是联合国用来帮助所在国克服艰难险阻，从冲突走向和平的最有效手段之一。《联合国宪章》第一条规定，联合国的宗旨是维持国际和平及安全，并为此目的集体采取有效办法，以防止且消除对于和平之威胁。《联合国宪章》还设计了两种维护国际和平与安全的方案，分别为第六章所规定的和平手段与第七章所规定的强制手段。但维和行动既不同于《联合国宪章》第六章的和平解决争端方式，又不同于第七章的强制解决方式，它是介于两者之间的特定历史条件下的产物，是联合国在处理地区冲突和争端的实践中的一大创举。哈马舍

---

① 王逸舟：《当代国际政治析论》，上海人民出版社1995年版，第287页。

尔德（Dag Hammarskjold）曾形象地称联合国维和行动可置于《联合国宪章》"第六章半"（Chapter Six and a Half）之中。

通常将联合国维和行动界定为由联合国安理会或大会通过决议创建的、并由秘书长指挥的、使用武装的和非武装的军事人员包括警察部队和文职人员、从事解决国际冲突、恢复维持国际和平的一种集体行动。① 联合国第二任秘书长哈马舍尔德（Dag Hammarskjöld）认为，在美苏冷战的环境下，联合国维和行动可以使联合国为解决国际冲突、维护世界和平做出一些贡献。对那些美苏关注的中心问题，例如柏林危机、古巴导弹危机、越南战争等，联合国插不上手，很难发挥作用。但在一些被称为"边缘地区""无人地带"的问题上，联合国可以填补真空。从 1948 年联合国在阿以冲突中部署巴勒斯坦停战监督组织（UNTSO），截至 2020 年 1 月 31 日，联合国执行维和使命的"蓝盔部队"已经在全球范围内部署了 71 次维和行动，目前正在执行的维和行动有 13 项，部署在非洲、亚洲、拉丁美洲和欧洲。部署的各类维和人员达到 95657 人次，有 3911 名维和人员牺牲。②

1948 年停战监督组织作为联合国的第一次维和行动，为后来的维和行动确立了重要准则。1956 年建立第一支联合国维和部队时，哈马舍尔德秘书长最早提出维和行动应遵守的三项原则，后被称为"哈马舍尔德三原则"：（1）各方同意原则。维和行动必须有争端或冲突当事国的邀请或经当事国同意。除此之外，当事国还必须知晓维和行动所采取的具体措施，以及组成维和部队的是哪些国家派遣的军队。这是建立维和行动最根本的原则。没有当事国的同意，维和行动就不能开展。（2）公正原则。联合国维和人员在对待冲突各方时应保持公正，否则将削弱维和行动的公信力和合法性，还可能导致冲突当事方一方或多方拒绝其继续存在。（3）除非出于自卫和捍卫职责，不得使用武力。在获得安理会授权的情况下，可以以精准、相称和适当的方式为之，且遵守使用所需的最小物理手段达到预期效果之原则，并维持对特派团及其

---

① 王杰主编：《联合国遭逢挑战》，中央编译出版社 1995 年版，第 40—41 页。
② 联合国维持和平行动统计数据：https://peacekeeping.un.org/zh/data。

任务的认可，在战术一级使用武力。①

| 联合国维和行动三原则：
● 各方同意
● 中立
● 除非出于自卫和捍卫职责，不得使用武力 | UN Peacekeeping is guided by three basic principles
● Consent of the parties;
● Impartiality;
● Non-use of force except in self-defence and defence of the mandate. |

二、维和行动机制及演变

维和行动须经联合国安全理事会授权，并经过东道国政府与/或冲突主要当事方同意方可部署。过去，维和行动是在国家间战争爆发后观察停火和隔离部队的以军事手段为主的一种模式。而今天，维和行动已发展成一个复合的行动——军事人员、警察人员以及文职人员共同发挥作用，为持久和平奠定基础。

维和行动在多年的实践中形成一定的原则与规范，从而建立起一套较为完整的运作机制。具体而言，维和行动应该由安理会或者联合国大会授权成立，并由秘书长统一指挥；维和经费由联合国会员国根据常规预算分摊办法分摊；维和部队一般是由经济较为发达的中等国家抽调本国的军队，兼顾安理会需要和自身利益派驻部队到相关国家和地区。

安理会、大会和秘书长在联合国维和行动中的作用：
1. 大会的作用：大会通常不能直接参与做出实施或终止联合国维和行动的政治行动，但它可以通过维和行动特别委员会监督联合国维和行动的进展情况。大会在筹措和管理维和行动经费方面发挥关键作用
2. 安全理事会的作用：安理会有权通过一项决议来决定何时、何地部署联合国维和行动
3. 秘书长的作用：联合国维和行动由安全理事会设立并由秘书长监督指导，秘书长在其中起关键作用

---

① 李铁城、邓秀杰编著：《联合国简明教程》，北京大学出版社2015年版，第216页。

一项维和行动的实施需要经过以下几个步骤：在某个国家或地区出现争端，且争端确实威胁到国际和平与安全时，争端当事国可以采取一切可行的办法使争端得以解决，以维护国际和平与安全。可以运用的方法有：调查、调停、谈判、和解、公断、司法解决或区域办法等。而经联合国安理会验证并认为其中一种或几种办法可行后，便督促当事国采取办法解决争端。当上述办法不能有效解决争端，且局势不断恶化，影响到国际和平与安全时，联合国中任何一个会员国都有权力提请安理会和大会的注意。安理会和大会则会根据会员国的请求和自身调查提出建议，并提出和平解决争端的方法，其中也包括维和行动在内。如争端情势继续扩大且危及和平，安理会便可督促当事国采取国际社会和争端方都能接受的"临时办法"，联合国维和行动也包括在内。具体做法有派遣调查团和观察员等。如这种"临时方法"也被证明无效，那么安理会便有权采用除强制武力以外的方法，包括武器禁运、经济制裁等，直至中断外交关系。

如果以上措施都没有成功解决争端，安理会有权做出决定并诉诸武力。《联合国宪章》第42条中对此有明确规定："此项行动包括联合国会员国之空海陆军威慑、封锁及其他军事行动。"最后，联合国安理会或大会通过决议建立某个维和行动，维和人员则由会员国提供，安理会或大会授权秘书长进行指挥，在维和行动中，驻在国、联合国秘书长向安理会或大会通报信息，安理会或大会负责协调行动并做出决定。

三、维和行动的历史演变

联合国维和行动通常被划分为冷战时期的维和行动和冷战后的维和行动，分别被称为第一代维和行动（传统维和行动）与第二代维和行动。截至目前，联合国已经部署了71项维和行动。1948—1988年，联合国共部署了13项维和与军事观察团行动，这一时期的维和行动被称为第一代维和行动。这一阶段的维和行动主要执行两项任务：停战监督（即监督并报告交战双方的停火协定），以及维持和平（即在冲突区建立脱离接触和缓冲带）。1988年，联合国维持和平人员荣膺诺贝尔和平奖。彼时，诺贝尔委员会表彰称："维持和平部队通过自身努力，为实现联合国的基本信条之一做出重大贡献。因此，该世界组织开始在全球事务中发挥越来越重要的作用，也日益赢得各方的信任。"

冷战结束后，维持和平行动的数量迅速增加。随着新共识的达成和对目标的相同认识，安全理事会在1989—1994年间授权开展了20项新行动，维持和平人员遂从1.1万增至7.5万。随着后冷战时期国际安全形势面临新挑战，联合国维和行动出现了新变化，联合国转变并扩大了实地行动，即从通常包含军事人员实施观察任务的"传统型"特派团转变为复杂的"多层面"任务。

第二代维和行动实施的时机、范围和任务普遍发生了变化，功能不断扩大，任务日益复杂。冷战后，维和国际和平与安全的冲突已经从国家间冲突转移到国家内部冲突和内战，包括部落冲突、派系冲突以及争夺自然资源的冲突等，特别是2001年恐怖分子以攻击平民建筑为特征的"9·11"事件等一系列新威胁，导致维和行动面对极为复杂的国际环境。维和行动适应性的调整表现为实施"多层面地面任务"（multidisciplinary field mission），不仅包括传统的维和行动职能，且增加了民事任务（civilian functions）和推广人权等内容，包括帮助执行复杂的和平协定、稳定安全局势、重建军队和警察部队、选举新政府和建立民主机构等冲突后国家和平重建内容。加利（Boutros Boutros-Ghali）秘书长在1992年提交给安理会的《和平纲领：预防外交、建立和平和维持和平》的特别报告中首次提出"建设和平"思想，就联合国在冷战结束后如何开展预防性外交、维持和平、缔造和平、发挥地区组织在维持和平方面的作用等提出诸多建议。此外，第二代维和行动更关注人权保护，要求联合国在应对人道主义灾难中扮演领导角色。20世纪末期以来，发生在卢旺达、索马里以及波斯尼亚等地的人道主义灾难，促使人们尤其是政治家们对"国家主权不受侵犯""人权和主权孰重"等问题进行重新思考。为了应对卢旺达大屠杀引发的关于联合国职能的批评，联合国倡导"保护的责任"规范（responsibility to protect）。2004年12月，联合国秘书长安南任命的"威胁、挑战和改革问题高级别小组"，在设计新世纪集体安全制度的报告《一个更安全的世界：我们的共同责任》

中，第一次采纳了"保护的责任"概念。2005 年 3 月第 59 届联大会议上，联合国秘书长的报告《大自由：实现人人共享的发展、安全与人权》，对"保护的责任"概念及其性质进行了界定和阐述。这一概念后来被写入联合国成立 60 周年首脑会议公报《2005 年世界首脑会议成果》，并将"保护的责任"的实施限制在下列情形：种族灭绝、战争罪、种族清洗和危害人类罪。[①]

在 21 世纪第一个 10 年里，联合国维持和平行动发现自己的延伸范围超过以往任何时候，且日益被要求到偏远、不确定的环境和动荡不安的政治局势中执行任务。维持和平面临各种棘手问题，包括以下各种挑战：执行规模最大、花费巨大和日益复杂的特派任务，为已经实现一定程度稳定的特派团规划和执行切实可行的过渡战略，为不确定的未来和满足一系列要求做好准备。第二代维和行动包括了防止冲突再发生和参与当地政治经济重建的双重维和任务，而伴随着冲突后建设机制的完善，联合国维和行动的机构也面临相应改革。

2000 年 3 月，秘书长指派联合国和平行动问题小组评价当时实行的制度的缺陷，并提出具体、务实的改革建议。小组成员在冲突预防、维持和平和建设和平方面拥有丰富经验。评价结果，即以小组主席拉赫达尔·卜拉希米（Lakhdar Brahimi）的名字命名的"卜拉希米报告"呼吁：重申会员国的政治承诺；实施大刀阔斧的机构改革；增加财政支持。小组指出，为保证有效，必须向联合国维持和平行动提供充足资源和设备，且其任务必须清楚、可信和可实现。"卜拉希米报告"通过后，联合国会员国和联合国秘书处继续推进重大改革，包括通过：

2004 年，"威胁、挑战和改革问题高级别小组"［A/59/565］制定了一个促进新世纪里集体安全的广泛框架。

2005 年，世界首脑会议［A/RES/60/1］确定建立建设和平委员会（Peacebuilding Commission），并正式成立建设和平委员会。建设和平委员会是联合国建设和平框架（The UN Peacebuilding Architecture）的组成之一，另外两个组成部分分别为建设和平基金（the Peacebuilding

---

① 阮宗泽："负责任的保护：建立更安全的世界"，《国际问题研究》2012 年第 3 期，第 12—13 页。

Fund）与建设和平支助办公室（the Peacebuilding Support Office）。

2006年，联合国秘书长提出"2010年和平行动"改革战略（"Peace Operations 2010"Reform Strategy），提出包括维持和平行动部（维和部）的改革战略。①

2008年，提出"拱顶石理论"（Capstone Doctrine），概述联合国实地维持和平人员需遵守的最重要原则和指南。

2009年，秘书长发起的"新视野进程"（New Horizon Initiative），旨在评估联合国维持和平在当前和未来几年面临的重大政策和战略困境；以及重振与会员国和其他利益攸关方的持续对话，寻找可能的解决办法，使联合国维和更好地满足当前和未来的要求。

2014年10月31日，秘书长设立了联合国和平行动专题高级别独立小组，将全面评估联合国和平行动的现状和未来可能出现的新需求。

2017年，联合国秘书长安东尼奥·古特雷斯提出针对联合国和平与安全架构、管理体系与结构以及联合国发展的系统改革方案。

2017年，联合国秘书长安东尼奥·古特雷斯提出"以行动促维和"倡议（Action for Peacekeeping），重申对维持和平行动的共同政治承诺，呼吁各会员国、安全理事会、东道国、部队和警察派遣国、区域伙伴和财政捐助国继续集体参与联合国维持和平行动，并相互承诺追求卓越。

第三节 联合国特别政治任务

与维持和平行动一样，联合国安全理事会授权建立特别政治任务（Special Political Missions）。维和行动成功与否取决于敌对方是否真的想和平地解决争端、维和命令是否明确、国际社会的政治支持是否有力，以及是否具备达到行动目标所必需的资金和人力资源。最重要的是，维和行动必须和政治程序协同进行；维和行动不可替代政治程序。基于以往的维和教训，秘书长指派的联合国维和行动问题小组在2000

---

① https：//peacekeeping.un.org/sites/default/files/peacekeeping/en/po2010.pdf.

年的报告中制定了一份改革蓝图，使每年增派一个复合型和平特派团成为可能。

在联合国秘书长潘基文（Ban，Ki-moon）的推动下，联合国维和机构于 2007 年进行了大规模重组，设立了外勤支助部。维持和平行动部（维和部）和政治事务部（政治部）分别负责向维和行动以及政治特派团与建设和平团下达政治和行动命令。外勤支助部则为联合国所有外地维和行动提供最有力的支持和导向，包括财务、后勤、信息、通信技术、人力资源和一般行政管理。

联合国秘书长安东尼奥·古特雷斯进一步改革联合国和平与安全架构，将秘书处下设的政治事务部（Department of Political Affairs，DPA）、维和行动部（Department of Peacekeeping Operations，DPKO）以及建设和平支助办公室（建设和平支助办，Peacebuilding Support Office，PBSO）重组为两个新部门，即政治和建设和平事务部（Department of Political and Peacebuilding Affairs，DPPA）、和平行动部（Department of Peace Operations，DPO）。2019 年 1 月 1 日，联合国成立政治和建设和平事务部，在联合国预防世界各地致命冲突以及建设可持续和平的努力中发挥着核心作用。政治和建设和平部重点关注国际和平与安全的五个领域：确保可靠的分析和预警；预防冲突和参与建立和平；管理政治危机和暴力冲突；保持和平；加强伙伴关系。

截至 2020 年 7 月，联合国政治和建设和平事务部在非洲、美洲、亚洲和太平洋地区以及欧洲、中东和西亚共有 24 个驻地机构，已结束的政治团部有 29 个。此外，在曼谷、北京、布鲁塞尔、布卡、开罗、雅加达、内罗毕、维也纳等城市建有联络办公室。

第四节　中国与联合国维和行动

中国是联合国的创始会员国和安理会的常任理事国，董必武出席了联合国制宪会议并签署了《联合国宪章》。但是，国民党集团非法占据中国席位，所以相当长时间以来，中国政府对联合国外交的重点是恢复中国政府合法代表权问题。特别是朝鲜战争时期，美国操纵联合国大会通过了诬蔑中国是侵略者和对中国实行禁运的两项决议，当时中国对联合国的维和行动持批判态度，认为其是大国干涉他国内政的工具。1971年10月25日，第26届联合国大会通过第2758号决议，恢复中华人民共和国在联合国的一切合法权利，并立即把国民党集团的代表从联合国一切机构中驱逐出去。

随着中国全面恢复在联合国合法权利，以及对联合国维和行动认识的不断深入，中国政府对维和行动的态度发生了变化。在中国游离于联合国之外的时期，中国政府对维和行动的态度是不参与、不谈判、不妥协。1971年中国恢复在联合国的合法席位后，中国政府对维和行动采取了观望和了解的态度。自1978年改革开放以来，中国对联合国的看法逐渐改变——从西方大国实行霸权主义的工具转变为维护国际和平与安全的有效平台。20世纪80年代，中国政府开始尝试参与联合国维和行动。1981年投票支持安理会延长联合国驻塞浦路斯维和部队（UNFICYP）驻扎期限的决议，1982年中国表示同意支付联合国维持和平行动的分摊款，1988年12月6日第43届联合国大会一致同意中国加入联合国维持和平行动特别委员会。但在这个时期，中国对于武力使用原则（use of force）和强制维和（peace enforcement）任务一直持保留态度。[1] 冷战结束后，中国越来越积极地参与到联合国维和行动中去。1990年4月中国军队第一次向联合国停战监督组织（UNTSO）派出五名军事观察员，1992年4月中国军队向联合国柬埔寨临时权力机构派出由400名官兵组成的工程兵大队，开了派遣成建制部队参与联合国维和行动的先河。2000年，中国首次派遣维和警察参与维和行动。2001年12月，国防部维和事务办公室成立，负责统一协调和管理中国军队参与联合国维和行动的工作。2002年2月，中国正式加入联合国一级维和待命安排机制。2003年4月，中国军队派出首批赴刚果（金）维和部队和首批赴利比里亚维和部队。自2004年3月起，中国成为联合国常任理事国中派遣维和人员最多的国家，并保持此记录直至2006年8月。此后，

---

[1] ［美］保罗·戴尔、丹尼尔·德鲁克曼著，聂军译：《和平行动的评价》，知识产权出版社2013年版，第1页。

中国与法国共同成为五大国维和力量中的首位。以非作战保障分队为形式的维和行动成为中国参与联合国维和行动最主要的方式。同一时期，中国缴纳的联合国维和行动摊款数额也不断攀升，直至2009年，中国缴纳的摊款占比已超过3%。① 2013年12月，中国派出首批赴马里维和部队（MINUSMA），其中警卫分队是派出的首支安全部队。2015年1月，中国首支维和步兵营前往南苏丹任务区执行任务（UNMISS），中国首次派驻由700名官兵组成的步兵营，这是向海外派出的首支成建制维和作战部队。

2000年初，中国向联合国东帝汶过渡行政当局（UNTAET）派遣15名民事警察参与维和，这是中国政府首次派出民事警察执行联合国维和任务。2000年8月，中国维和警察培训中心在河北廊坊挂牌成立。2001年，应联合国的请求，中国派遣五名维和民事警察参加联合国波黑任务区的行动，这次是中国首次向亚洲以外的地区派遣维和民事警察，波黑也成为中国继东帝汶任务区之后派出维和民警的第二个任务区。自2004年以来，公安部已先后组建了12支维和警察防暴队（其中公安边防部队受命组建九支），1564名官兵赴海地、利比里亚任务区执行维和任务。

2015年9月28日，习近平主席出席联合国维和峰会，宣布成立中国—联合国和平与发展基金，并组建了8000人规模的维和待命部队。2016年，公安部成立建制常备维和警队。随着自身综合国力的发展和国际地位的提升，中国对联合国维和行动的投入也在不断增加。以缴纳维和行动摊款为例，中国大幅度提高了在联合国维和行动摊款中的比例。根据2018年12月22日联大会议通过的新会费比额，中国首次超过日本，从第三大会费缴纳国升为第二大会费缴纳国，仅次于美国；常规预算分摊比例由原来的7.92%升至12.01%，维和预算分摊比例由原来的10.24%升至15.22%。作为最大的发展中国家和安理会常任理事国之一，中国以切实行动支持着联合国维和行动。同时，中国也将自身和平发展的经验带至海外，倡导"发展和平"，在联合国建设和平框架内对包括非洲地区冲突在内的战后和平重建发挥积极作用。

---

① A/64/220/Add.1, https：//digitallibrary.un.org/record/674466? ln=zh_CN.

第三章 全球议题

章节导读

★学习目标
- 了解当今世界的日常议题相关内容，如老龄化、艾滋病、淡水；
- 掌握难民和移民的现状及其治理；
- 认识全球公共卫生危机带来的影响以及应对方法。

★本章导读

作为世界上唯一真正具有普遍性的全球性组织，联合国已成为解决任何一个国家都无法独自解决的超越国界问题的最重要的论坛。针对老龄化、艾滋病以及淡水等日常议题，联合国掌握了多少相关数据、事实资料？数量逐年增加的难民和移民该何去何从？联合国等相关国际组织都为此做过哪些努力？面对突如其来的全球卫生危机，尤其是2020年的新冠肺炎（COVID-19）疫情，全球各地都采取了哪些应对措施？成效如何？以上内容都将在本章节进行学习。

第一节 日常议题

一、老龄化（Ageing）

全球人口正步入老龄化阶段。世界上几乎每个国家的老龄人口数量和比例正在增加。①

人口老龄化有可能成为 21 世纪最重要的社会趋势之一，几乎所有社会领域都受其影响，包括劳动力和金融市场；对住房、交通和社会保障等商品和服务的需求；家庭结构和代际关系。②

老年人日益被视为发展的贡献者，他们为改善自身及其社区状况而采取行动的能力应被纳入各项政策和方案。未来几十年，随着老年人口与日俱增，许多国家将面临与公共保健体系（public systems of health③）、养老金（pensions④）和社会保障（social protections⑤）相关的财政和政治压力。⑥

（一）人口老龄化的趋势（Trend in Population Ageing）

根据中期变量预测，全球 65 岁及以上人口的增长速度超过年轻群体。⑦

《世界人口展望：2019 年修订版》（*World Population Prospects: the 2019 Revision*）的数据显示，到 2050 年，全世界每 6 人中，就有 1 人年龄在 65 岁（16%）以上，而这一数字在 2019 年为 11 人（9%）；到 2050 年，在欧洲和北美，每 4 人中就有 1 人年龄在 65 岁以上。2018 年，全球 65 岁以上人口史无前例地超过 5 岁以下人口数量。此外，预

---

① 联合国官网，健康地球上的和平、尊严与平等：https://www.un.org/zh/sections/issues-depth/ageing/index.html，登录时间：2020 年 5 月 29 日。
② 联合国官网，健康地球上的和平、尊严与平等：https://www.un.org/zh/sections/issues-depth/ageing/index.html，登录时间：2020 年 5 月 29 日。
③ Website of the United Nations, Peace, dignity and equality on a healthy planet https://www.un.org/en/sections/issues-depth/ageing/index.html，登录时间：2020 年 5 月 29 日。
④ Website of the United Nations, Peace, dignity and equality on a healthy planet https://www.un.org/en/sections/issues-depth/ageing/index.html，登录时间：2020 年 5 月 29 日。
⑤ Website of the United Nations, Peace, dignity and equality on a healthy planet https://www.un.org/en/sections/issues-depth/ageing/index.html，登录时间：2020 年 5 月 29 日。
⑥ 联合国官网，健康地球上的和平、尊严与平等：https://www.un.org/zh/sections/issues-depth/ageing/index.html，登录时间：2020 年 5 月 29 日。
⑦ 联合国官网，健康地球上的和平、尊严与平等：https://www.un.org/zh/sections/issues-depth/ageing/index.html，登录时间：2020 年 5 月 29 日。

计 80 岁以上人口将增长两倍，从 2019 年的 1.43 亿增至 2050 年的 4.26 亿。①

从历史上看，低生育率（low levels of fertility②）加上寿命延长（increased longevity③），致使几乎所有国家和地区的人口都在老化。

2018 年，全球 65 岁以上的人口首次超过 5 岁以下儿童（见图 3—1）。预计 2019 年至 2050 年，全球 65 岁及以上人口数量将增加一倍以上，5 岁以下儿童数量将保持相对不变。因此预测表明，到 2050 年，老年人的人数将是 5 岁以下儿童的两倍多。此外，预计到 2050 年，全世界 65 岁以上的 15 亿人将超过 15 岁至 24 岁的青少年（13 亿人）。

Estimated and projected global population by broad age group, 1950-2100, according to the medium-variant projection

Persons aged 65 years or over make up the fastest-growing age group

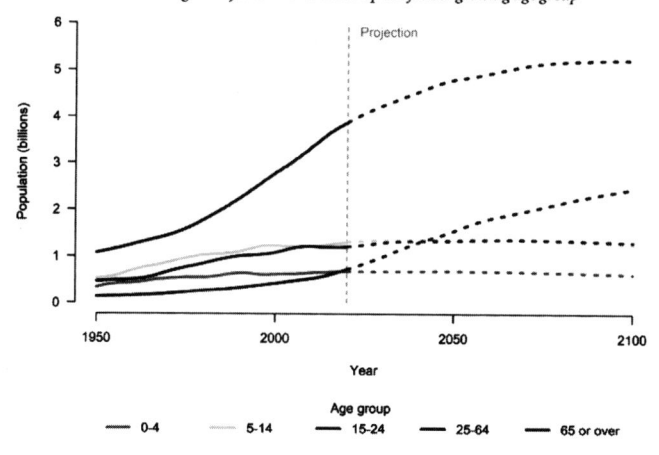

图 3—1　1950—2100 年人口增长趋势及预测

* excluding Australia and New Zealand.

资料来源：United Nations, Department of Economic and Social Affairs, Population Division (2019). *World Population Prospects 2019*.

---

① 联合国官网，健康地球上的和平、尊严与平等：https://www.un.org/zh/sections/issues-depth/ageing/index.html，登录时间：2020 年 5 月 29 日。

② United Nations, Department of Economic and Social Affairs, *World Population Prospects 2019: Highlights*, p.16.

③ United Nations, Department of Economic and Social Affairs, *World Population Prospects 2019: Highlights*, p.16.

尽管全球男性和女性的总人数大致相等，但由于女性的平均预期寿命（average life expectancy[①]）较长，她们的寿命超过了男性。2019年，全球65岁以上人口中女性占55%，80岁以上人口中女性占61%。

2019年，所有拥有至少9万居民的201个国家或地区，预计在2019年至2050年间65岁或65岁以上的人口比例将增加。在2019年的全球一级，约9%的人年龄在65岁以上（见表3—1）。预计2030年世界老年人比例将达到近12%，2050年将达到16%，到2100年将达到近23%。2019年，欧洲和北美的老年人口最多，其中18%的人年龄在65岁或65岁以上，其次是澳大利亚/新西兰（16%）。这两个地区人口都在继续老化。预测显示，到2050年，欧洲和北美洲每4个人中就有1个年龄在65岁以上。

表3—1 2019年、2030年、2050年及2100年，
可持续发展区域65岁及以上人口比例及预测

Percentage of population aged 65 years or over for the world, SDG regions and selected groups of countries, 2019, 2030, 2050 and 2100, according to the medium-variant projection

Region	2019	2030	2050	2100
World	9.1	11.7	15.9	22.6
Sub-Saharan Africa	3.0	3.3	4.8	13.0
Northern Africa and Western Asia	5.7	7.6	12.7	22.4
Central and Southern Asia	6.0	8.0	13.1	25.7
Eastern and South-Eastern Asia	11.2	15.8	23.7	30.4
Latin America and the Caribbean	8.7	12.0	19.0	31.3
Australia/New Zealand	15.9	19.5	22.9	28.6
Oceania*	4.2	5.3	7.7	15.4
Europe and Northern America	18.0	22.1	26.1	29.3
Least developed countries	3.6	4.2	6.4	15.3
Land-locked Developing Countries (LLDC)	3.7	4.5	6.4	16.8
Small Island Developing States (SIDS)	8.7	11.9	16.1	23.7

* excluding Australia and New Zealand.

资料来源：United Nations, Department of Economic and Social Affairs, Population Division (2019). *World Population Prospects 2019*.

---

① United Nations, Department of Economic and Social Affairs, *World Population Prospects 2019: Highlights*, p. 16.

其他地区的人口预计在未来几十年内也将显著老龄化。对于拉丁美洲和加勒比地区，65岁或65岁以上人口的比例可能从2019年的9%增加到2050年的19%。同样，预计东亚和东南亚65岁或以上的人口比例将从2019年的11%增至2050年的24%。撒哈拉以南非洲是8个可持续发展目标区域中年龄分布最年轻的地区，预计在未来几十年内也将经历人口老龄化，但程度要小得多，65岁或65岁以上人口的百分比将从2019年的3%上升到2050年的5%左右。

80岁以上人口的增长速度甚至比65岁以上人口的增长速度还要快。1990年，全球80岁及以上的人口只有5400万，这个数字在2019年几乎翻了两番，达到1.43亿。在全球范围内，预计到2050年，80岁或80岁以上的人口将再次增加近两倍，达到4.26亿，到2100年将进一步增加到8.81亿。2019年，80岁或80岁以上人口中有38%居住在欧洲和北美，随着其他地区老年人口规模的不断扩大，这一比例预计将在2050年降至26%，2100年降至17%。

这些低值突出了人口老龄化对劳动力市场和经济表现的潜在影响，以及许多国家在未来几十年可能面临的财政压力，这些压力涉及公共医疗系统、养老金和老年人社会保障计划。

（二）人口老龄化的驱动因素（Demographic Drivers of Population Ageing）

人口的规模和年龄结构由三大人口进程共同决定：生育率（fertility[①]）、死亡率（mortality[②]）和移徙率（migration[③]）。[④]

[①] Website of the United Nations, Peace, dignity and equality on a healthy planet: https://www.un.org/en/sections/issues-depth/ageing/index.html，登录时间：2020年5月29日。
[②] Website of the United Nations, Peace, dignity and equality on a healthy planet: https://www.un.org/en/sections/issues-depth/ageing/index.html，登录时间：2020年5月29日。
[③] Website of the United Nations, Peace, dignity and equality on a healthy planet: https://www.un.org/en/sections/issues-depth/ageing/index.html，登录时间：2020年5月29日。
[④] 联合国官网，健康地球上的和平、尊严与平等：https://www.un.org/zh/sections/issues-depth/ageing/index.html，登录时间：2020年5月29日。

自 1950 年以来，所有区域的预期寿命都显著延长。随着出生时预期寿命的提高，老年人死亡率的降低对整体寿命延长的影响越来越大。[1]

生育率的降低和寿命的延长是影响全球人口老龄化的关键因素，而在某些国家和地区，国际移民也会影响人口年龄结构的变化。在经历大移民潮的国家中，国际移民至少会暂时减缓老龄化的进程，因为移民往往是处于工作年龄的青年。但是，留在国内的移民最终仍将成为老年人口。[2]

1. 生育率

全球人口趋势主要是由生育率的趋势推动的，特别是在许多国家，近几十年来生育率明显下降，这一趋势在女性一生中的平均活产数量上表现得尤为明显。

在过去几十年中，几乎所有地区都经历了生育率下降（见图 3—2）。在撒哈拉以南非洲，8 个可持续发展目标区域的平均生育率最高，总生育率从 1990 年的每名妇女 6.3 个婴儿下降到 2019 年的 4.6 个。同期，北非和西亚（从 4.4 降至 2.9）、中亚和南亚（从 4.3 降至 2.4）、东亚和东南亚（从 2.5 降至 1.8）、拉丁美洲和加勒比（从 3.3 降至 2.0）以及大洋洲（从 4.5 降至 3.4）的生育率水平也有所下降。

在澳大利亚/新西兰以及欧洲和北美，1990 年的生育率水平已经低于每名妇女一生中平均两次活产（live birth[3]）的水平，而今天仍然如此，澳大利亚/新西兰 2019 年和欧洲及北美的平均活产分别为每名妇女 1.8 次和 1.7 次。

根据中期变量（medium-variant projection[4]）预测，全球生育率水平预计将从 2019 年平均每位妇女 2.5 个活产降至 2050 年的 2.2 个，

---

[1] 联合国官网，健康地球上的和平、尊严与平等：https://www.un.org/zh/sections/issues-depth/ageing/index.html，登录时间：2020 年 5 月 29 日。

[2] 联合国官网，健康地球上的和平、尊严与平等：https://www.un.org/zh/sections/issues-depth/ageing/index.html，登录时间：2020 年 5 月 29 日。

[3] United Nations, Department of Economic and Social Affairs, *World Population Prospects 2019: Highlights*, p. 23.

[4] United Nations, Department of Economic and Social Affairs, *World Population Prospects 2019: Highlights*, pp. 23 - 24.

Estimated and projected total fertility by SDG region, 1950-2100, according to the medium-variant projection

The average number of children born to women over a lifetime has fallen markedly in many regions over the past several decades

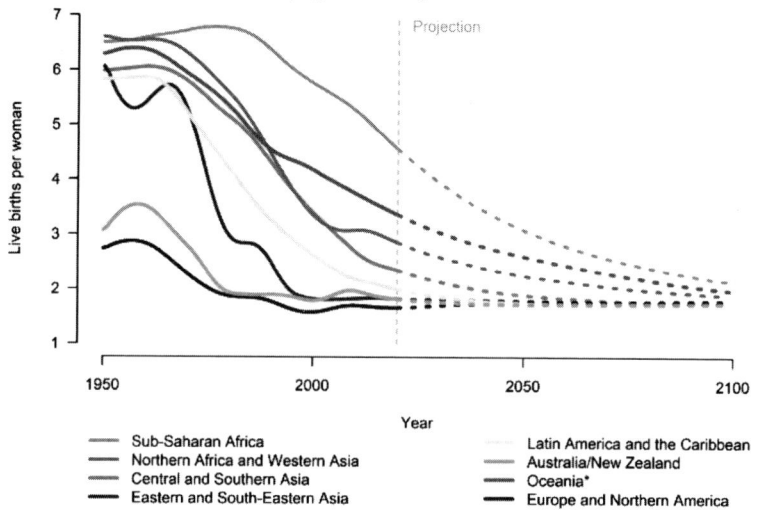

[图表显示1950—2100年各可持续发展区域的生育率曲线，纵轴为Live births per woman（1—7），横轴为Year（1950—2100），2020年后为Projection（虚线）。图例包括：Sub-Saharan Africa；Northern Africa and Western Asia；Central and Southern Asia；Eastern and South-Eastern Asia；Latin America and the Caribbean；Australia/New Zealand；Oceania*；Europe and Northern America]

图 3—2　1950—2100 年可持续发展区域生育率及预测

* excluding Australia and New Zealand.

资料来源：United Nations, Department of Economic and Social Affairs, Population Division (2019). *World Population Prospects 2019*.

2100 年降至 1.9 个。不过，在欧洲和北美，到 21 世纪末，总生育率预计将从 2019 年的 1.7 个略增至 2100 年的 1.8 个。平均总生育率的最大下降预计将发生在撒哈拉以南非洲地区，该地区的中期变量预测假设生育率将从 2019 年的每名妇女 4.6 个活产降至 2050 年的 3.1 个，并进一步降至 2100 年的 2.1 个。

在大多数区域，根据中期变量预测的 2020 年至 2050 年的 30 年间的出生总数与 1990 年至 2020 年的 30 年间的估计数相似或低于（见图3—3）。撒哈拉以南非洲是 8 个可持续发展目标区域中一个明显的例外：尽管生育率下降，但该区域的出生人数将继续增加。预计 2020 年至 2050 年间，撒哈拉以南非洲地区将有近 14 亿婴儿出生，比 1990 年至 2020 年间的婴儿数量多出 50% 以上。据预测，北非和西亚未来 30 年的出生人数也将比过去 30 年多，不过根据中期变量，增长幅度（13%）远小于撒哈拉以南非洲。

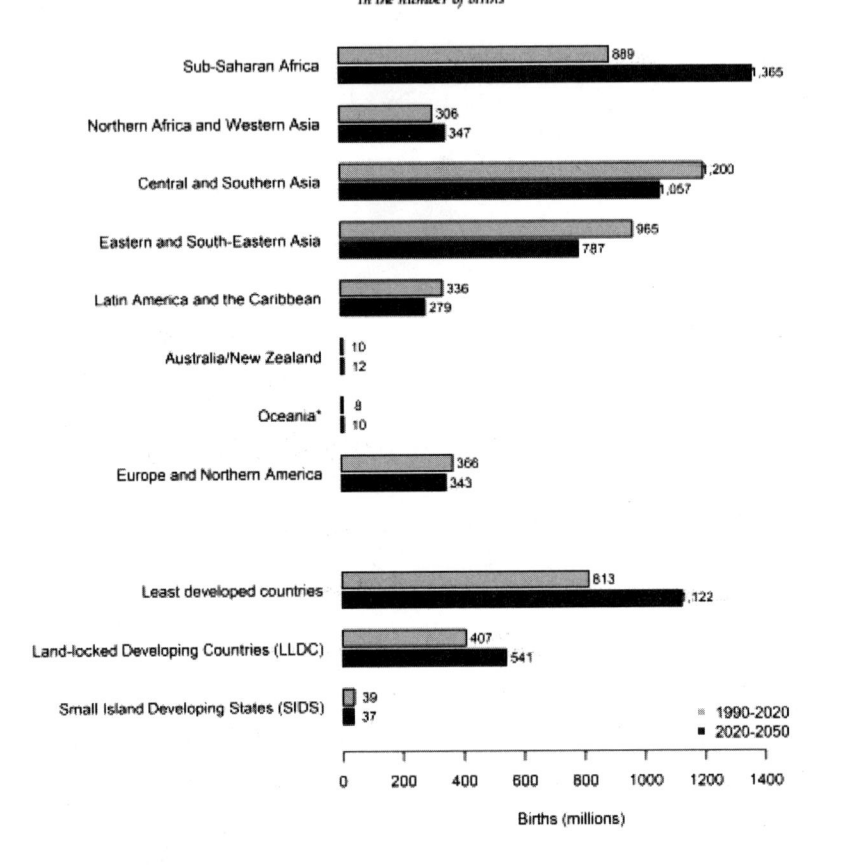

图3—3 1990—2020 年及 2020—2050 年可持续发展区域出生人口及预测

* excluding Australia and New Zealand.

资料来源：United Nations, Department of Economic and Social Affairs, Population Division (2019). *World Population Prospects 2019*.

2. 死亡率

虽然各国在降低死亡率和缩小寿命差距方面取得相当大的进展，但差距仍然很大。

最不发达国家（the least developed countries①）作为一个整体，出生时预期寿命比全球平均水平落后 7.4 岁，这主要是基于儿童和产妇死亡率居高不下，以及冲突的后果和一些国家与艾滋病毒有关的死亡率的持续影响。

世界上寿命最长的国家与寿命最短的国家之间的平均寿命差距达 30 年。2019 年，出生预期寿命在 84 岁以上的日本和中国的香港、澳门特别行政区是世界上最长寿的国家或地区。世界上寿命最短的国家是中非共和国、乍得、莱索托、尼日利亚和塞拉利昂，2019 年出生时预期寿命均低于 55 岁。

最短寿命和最长寿命人口之间的寿命差距很大一部分是五岁以下儿童死亡率的差异造成的，即从出生到五岁之间的死亡率。近年来，世界各国和地区在降低五岁以下儿童死亡率方面取得重大和深远的进展，但仍存在差距。全球五岁以下儿童死亡率从 1990 年的每 1000 名活产死亡 93 人下降到 2019 年的 38 人。不过，2019 年在撒哈拉以南非洲出生的儿童在五岁生日前死亡的可能性是在澳大利亚/新西兰出生的儿童的 20 倍（见图 3—4）。

尽管艾滋病毒/艾滋病的流行仍然是一个主要的公共卫生问题，但在过去 10 年中，受这一流行病严重影响的大多数国家，成年人中与艾滋病毒有关的死亡率似乎已达到高峰，这主要是由于抗逆转录病毒治疗（antiretroviral treatments②）的可得性不断增加。然而，在艾滋病毒流行率很高的国家，这一流行病在发病率、死亡率和人口增长缓慢方面的影响仍然很明显。因此，在该疾病流行率最高的次区域南部非洲，出生时预期寿命从 1990 年的 62.9 岁下降到 2004 年的 52.6 岁，此后恢复到略

---

① United Nations, Department of Economic and Social Affairs, *World Population Prospects 2019：Highlights*, p. 30.

② United Nations, Department of Economic and Social Affairs, *World Population Prospects 2019：Highlights*, p. 30.

Under-five mortality rate for the world, SDG regions and selected group of countries, 2019

A child born in sub-Saharan Africa is 20 times as likely to die before his or her fifth birthday as a child born in Australia/New Zealand

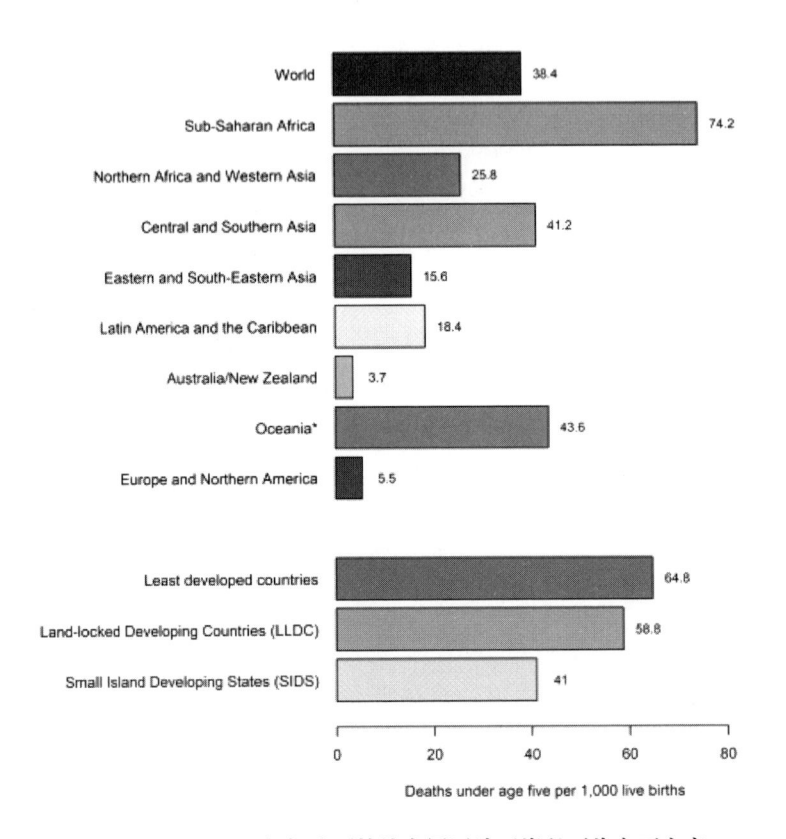

Region	Rate
World	38.4
Sub-Saharan Africa	74.2
Northern Africa and Western Asia	25.8
Central and Southern Asia	41.2
Eastern and South-Eastern Asia	15.6
Latin America and the Caribbean	18.4
Australia/New Zealand	3.7
Oceania*	43.6
Europe and Northern America	5.5
Least developed countries	64.8
Land-locked Developing Countries (LLDC)	58.8
Small Island Developing States (SIDS)	41

Deaths under age five per 1,000 live births

图 3—4　2019 年部分可持续发展区域五岁以下儿童死亡率

* excluding Australia and New Zealand.

资料来源：United Nations, Department of Economic and Social Affairs, Population Division (2019). *World Population Prospects 2019*.

高于 1990 年的水平，2019 年达到 63.8 岁。这意味着南部非洲失去了 20 年来生存率可能提高的机会。

在世界大多数地区，老年人的生存状况正在改善。65 岁的预期寿命反映了一个 65 岁的人在他或她的余生中，如果受到某一特定年龄段死亡风险的影响，他或她的平均额外寿命将减少（average number of additional years of life①)。但在全球范围内，1990—1995 年间，65 岁的妇女有望多活 16 岁，65 岁的男子有望多活 13 岁（见图 3—5）。2015—2020 年间，65 岁的女性预期寿命增加到 18 岁，男性预期寿命增加到 16 岁；2045—2050 年间，女性预期寿命将进一步增加，达到 20 岁，男性预期寿命将达到 18 岁。从 1990—1995 年到 2019 年报告发布当年，澳

Estimated and projected life expectancy at age 65 years for SDG regions, 1990-1995, 2015-2020, 2045-2050, according to the medium-variant projection

Survival after age 65 has increased for both men and women in each of the eight SDG regions

Region	Sex	1990-1995	2015-2020	2045-2050
World	Female	16	18	20
World	Male	13	16	18
Sub-Saharan Africa	Female	12	13	15
Sub-Saharan Africa	Male	11	12	13
Northern Africa and Western Asia	Female	15	17	20
Northern Africa and Western Asia	Male	13	15	17
Central and Southern Asia	Female	13	15	17
Central and Southern Asia	Male	12	14	16
Eastern and South-Eastern Asia	Female	16	19	21
Eastern and South-Eastern Asia	Male	13	15	18
Latin America and the Caribbean	Female	17	20	22
Latin America and the Caribbean	Male	14	17	19
Australia/New Zealand	Female	19	23	25
Australia/New Zealand	Male	15	20	23
Oceania*	Female	11	13	15
Oceania*	Male	10	12	13
Europe and Northern America	Female	18	20	23
Europe and Northern America	Male	14	17	21

Life expectancy at age 65 (years)

○ 1990-1995 ● 2015-2020 ● 2045-2050

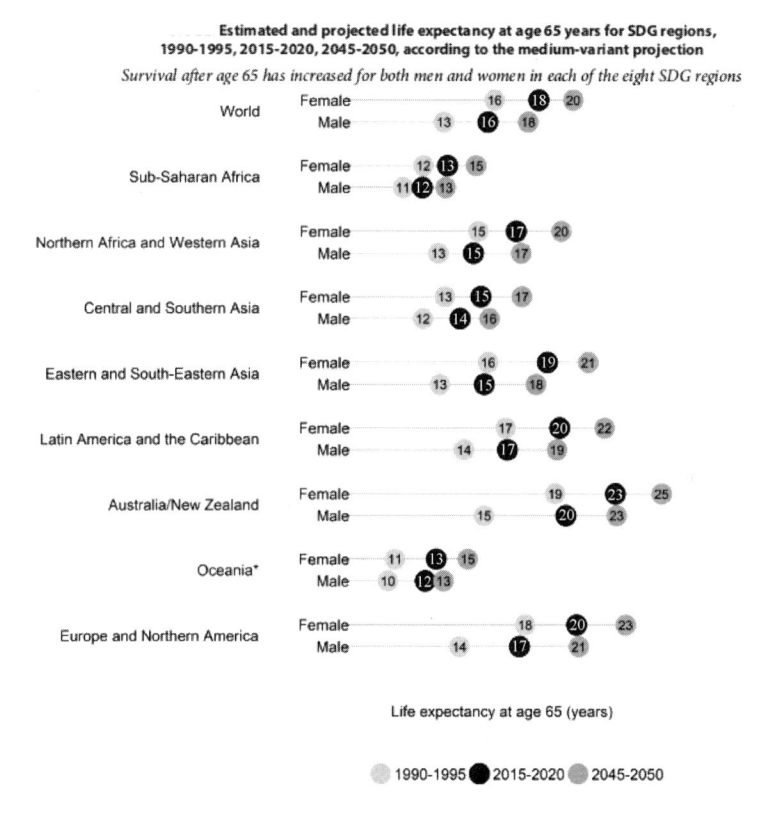

图 3—5　1990—1995 年、2015—2020 年、2045—2050 年可持续发展区域 65 岁人口预期寿命

* excluding Australia and New Zealand.

资料来源：United Nations, Department of Economic and Social Affairs, Population Division (2019). *World Population Prospects 2019*.

---

① United Nations, Department of Economic and Social Affairs, *World Population Prospects 2019：Highlights*, p. 30.

大利亚/新西兰男性和女性65岁以上的生存率绝对增长最大，65岁预期寿命分别增加了4.4岁和3.3岁；其次是欧洲和北美男性（3.3岁）、东亚和东南亚妇女（3.2岁）、拉丁美洲和加勒比妇女（2.9岁）。

近几十年来，一些发达国家面临着提高生存率的挑战。在东欧一些国家，出生时预期寿命实际上在20世纪80年代末和90年代已经下降，2000年，这些国家在生存率方面恢复了进展，但欧洲各国之间差距依然明显，2019年出生时预期寿命从摩尔多瓦共和国和乌克兰的72岁到意大利、西班牙和瑞士的近84岁不等。自2015年左右以来，欧洲和北美一些人口的预期寿命出现了放缓或停滞的迹象。例如，在加拿大、英国和美国，最近的人口动态统计表明，2015—2020年的预期寿命低于先前根据各国生存条件改善的历史轨迹预测的预期寿命。

3. 移徙率

在世界一些地区，国际移民已成为人口变化的主要组成部分。

在8个可持续发展目标区域中，有3个是国际移民的净接收国（net receivers of international migrants[①]）（见图3—6）。其中包括欧洲和北美洲，2010—2020年间，该地区的移民人数估计超过2590万，北非和西亚为220万，澳大利亚和新西兰为190万。其余五个地区在2010—2020年间都是国际移民的净发送者（net senders of international migrants[②]）。据估计，移民人数超过中亚和南亚移民人数最多的地区，2010—2020年该地区国际移民净额为－1510万，其次是拉丁美洲和加勒比地区（540万）、东亚和东南亚地区（520万）、撒哈拉以南非洲地区（410万）和大洋洲，不包括澳大利亚和新西兰（－20.8万）。

对大多数地区来说，2010—2020年国际移民造成的绝对人口损益（the absolute population gains or losses[③]）比上一个10年（2000—2010年）要小。与2000—2010年相比，2010—2020年欧洲和北美的净移民

[①] United Nations, Department of Economic and Social Affairs, *World Population Prospects 2019: Highlights*, p. 32.

[②] United Nations, Department of Economic and Social Affairs, *World Population Prospects 2019: Highlights*, p. 32.

[③] United Nations, Department of Economic and Social Affairs, *World Population Prospects 2019: Highlights*, p. 33.

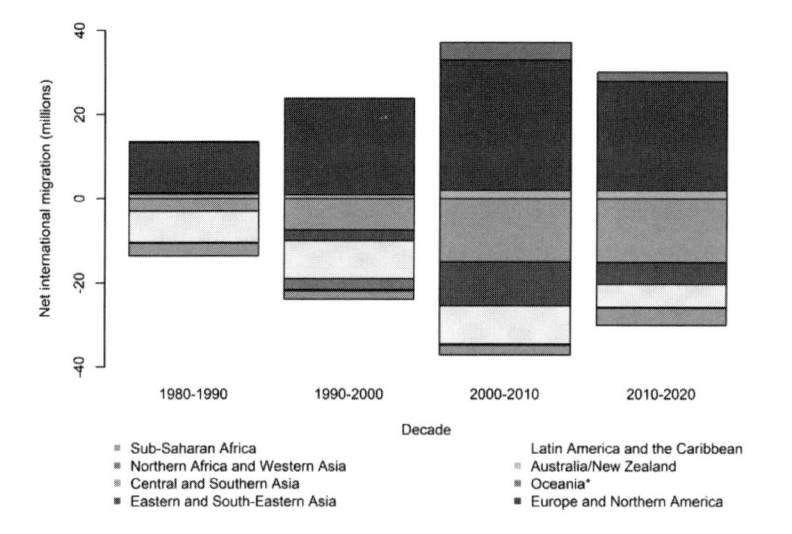

Net international migration by SDG region, 1980-1990, 1990-2000, 2000-2010, and 2010-2020

- Sub-Saharan Africa
- Northern Africa and Western Asia
- Central and Southern Asia
- Eastern and South-Eastern Asia
- Latin America and the Caribbean
- Australia/New Zealand
- Oceania*
- Europe and Northern America

图 3—6　1980—1990 年、1990—2000 年、2000—2010 年、2010—2020 年可持续发展区域国际移民净流入量

* excluding Australia and New Zealand.

资料来源：United Nations, Department of Economic and Social Affairs, Population Division (2019). *World Population Prospects 2019*.

减少 16%，北非和西亚减少 48%，拉丁美洲和加勒比减少 40%，东亚和东南亚减少一半。在 8 个区域中，只有撒哈拉以南非洲地区因国际移民增加而出现了人口净增长：2010—2020 年 410 万人的净损失比 2000—2010 年 230 万人的净损失高出 76%。

2010—2020 年间，36 个国家或地区的移民净流入总量超过 20 万人；其中 14 个国家过去 10 年的移民净流入量超过 100 万人。这 14 个国家都属于世界银行在 2018 年分类的高收入或中上收入国家（见图 3—7）。对包括约旦、黎巴嫩和土耳其在内的几个主要接受国来说，国际移民的大量流入主要是难民流动，特别是来自叙利亚的难民流动。

据估计，在 2010—2020 年间，有 10 个国家的移民净流出量超过

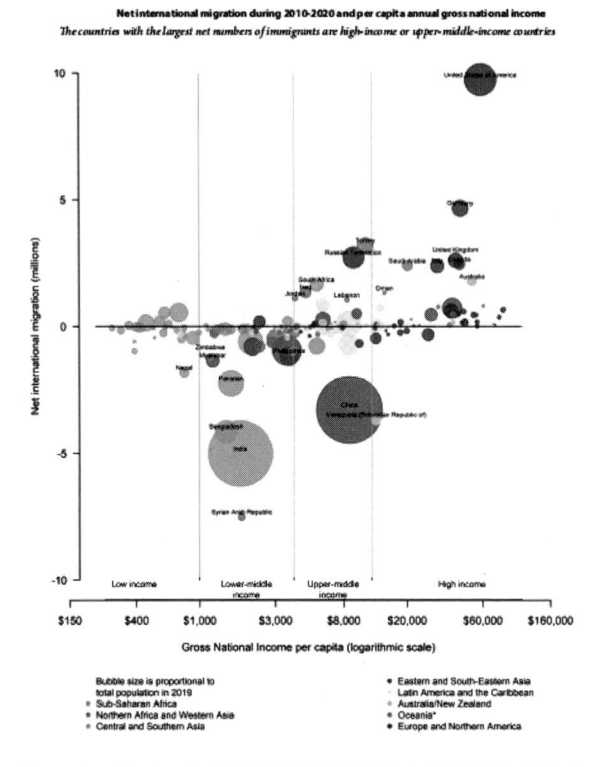

图3—7　2010—2020年国际移民净流入量及人均年收入

* excluding Australia and New Zealand.

Note：Labelled countries are those where the net gains or losses due to international migration exceed 1 million in 2010–2020.

资料来源：United Nations, Department of Economic and Social Affairs, Population Division (2019). *World Population Prospects 2019*. GNI is from World Bank (2018). *World Development Indicators. GNI per capita, Atlas method.*

100万人。其中，许多国家移民造成的人口损失主要是临时劳动力流动（temporary labour movements[①]），例如孟加拉国2010—2020年净流出人口420万、尼泊尔180万和菲律宾120万。在其他国家，包括叙利亚

---

① United Nations, Department of Economic and Social Affairs, *World Population Prospects 2019：Highlights*, p.33.

750万、委内瑞拉370万和缅甸130万，不安全、危机和冲突在过去10年里推动了移民的净外流。

在死亡人数超过出生人数的国家，国际移民可以缓解人口数量的减少。

在2010—2020年的10年间，有9个国家经历了正净移民（positive net migration[①]，移进移民人数超过移出移民人数）抵消了自然负增长（negative natural increase[②]，死亡人数超过出生人数）：如白俄罗斯、爱沙尼亚、德国、匈牙利、意大利、日本、俄罗斯联邦、塞尔维亚和乌克兰。其中4个国家（白俄罗斯、德国、意大利和俄罗斯联邦），净移民量足以抵消自然负增长，并在过去10年中保持人口正增长。在其余5个国家，正净移民减缓了人口减少的速度，但预计2020年的人口数量仍低于2010年。[③]

相反，负净移民会加剧自然负增长造成的人口规模下降。在2010—2020年间，全欧洲有10个国家经历了自然负增长和净移民负增长。这些国家包括波斯尼亚和黑塞哥维那、保加利亚、克罗地亚、希腊、波兰、葡萄牙、拉脱维亚、立陶宛、摩尔多瓦共和国和罗马尼亚。因此，10年来，这10个国家的人口规模都有所减少，摩尔多瓦共和国的人口减少了1%，立陶宛的人口减少了13%。

（三）应对老龄化问题的主要会议（Key Conference on Ageing）

1982年，联大首次召开了老龄问题世界大会，开始着手处理这些问题。会议产生了包含62点内容的《老龄问题维也纳国际行动计划》(*Vienna International Plan of Action on Ageing*)，呼吁在一些问题上采取具体行动，如健康和营养、保护老年消费者、住房和环境、家庭、社会福

---

① United Nations, Department of Economic and Social Affairs, *World Population Prospects 2019: Highlights*, p.35.
② United Nations, Department of Economic and Social Affairs, *World Population Prospects 2019: Highlights*, p.35.
③ United Nations, Department of Economic and Social Affairs, Population Division (2019). *World Population Prospects 2019.*

利、收入保障和就业、教育以及研究数据的收集和分析。①

1991年,联大通过了《联合国老年人原则》(the United Nations Principles for Older Persons),列举了18项有关独立、参与、照顾、自我充实和尊严等老年人应享权利。次年,老龄问题国际会议探讨了后续行动计划,并通过了《老龄问题宣言》(Proclamation on Ageing)。根据该会议提议,联大还宣布1999年为"国际老年人年"。每年的10月1日为"国际老年人日"(The International Day of Older Persons)。②

应对老龄化的行动在2002年得以继续,第二次老龄问题世界大会在马德里举行。为了制定出21世纪国际老龄问题的政策,会议通过了一项《政治宣言》(Political Declaration)和《马德里老龄问题国际行动计划》(Madrid International Plan of Action on Ageing)。该行动计划呼吁社会各阶层改变态度、政策和做法,在21世纪发挥老年人的巨大潜力。行动的具体建议是:优先考虑老年人的发展、增进老年人的健康和福利、为老年人创造良好的环境。③

二、艾滋病(AIDS)

1981年6月,美国科学家发布首份艾滋病临床病例报告。这一疾病随后被正式命名为"获得性免疫缺陷综合征"(acquired immunodeficiency syndrome),即艾滋病(the human immunodeficiency virus,HIV)。1983年,艾滋病的致病因子被确定为"人类免疫缺陷病毒",即艾滋病毒。④

自发现首例艾滋病病例至今,约有7500万(7100万—8700万)人感染艾滋病毒,3500万(2960万—4080万)人死于艾滋病相关疾病。

---

① United Nations, Department of Economic and Social Affairs, *World Population Prospects 2019: Highlights*, p. 35.
② United Nations, Department of Economic and Social Affairs, *World Population Prospects 2019: Highlights*, p. 35.
③ United Nations, Department of Economic and Social Affairs, *World Population Prospects 2019: Highlights*, p. 35.
④ 联合国官网,健康地球上的和平、尊严与平等:https://www.un.org/zh/sections/issues-depth/aids/index.html,登录时间:2020年5月30日。

截至2018年，共有3790万人携带艾滋病毒。①

艾滋病毒存在于感染者的体液之中，如血液、精液、阴道分泌液和乳汁，可以通过与感染者发生未保护的性交、使用未消毒的注射器注射毒品、输入受艾滋病毒污染的血液制品等途径传播，还可由受艾滋病毒感染的母亲在怀孕、分娩和哺乳期间传播给婴儿。②

（一）抗逆转录病毒疗法（Antiretroviral Treatment）

几十年来，艾滋病感染率急剧上升，死亡率也不断攀升。不过，一种新的抗逆转录病毒疗法终于见效，开始延长感染者的生命。截至2018年，获得这种治疗的人数为2330万人，与之相比，2010年这一数字为800万。但是，虽然新增感染者人数在下降，每年新感染人数以及因艾滋病死亡的人数仍多得让人无法接受。2015年，约有110万名新增艾滋病毒感染者，约120万人因艾滋病死亡。③ 因新增感染者人数减少了16%（儿童为41%），艾滋病相关死亡人数在2004年达到峰值后，已出现下降。④

虽然有几个国家在过去10年中艾滋病毒感染率下降了50%或50%以上，但大多数国家没有取得重大进展，还有一些国家出现了令人担忧的增长。在25个预防联盟国家（prevention coalition countries）中，2010—2016年间，只有3个国家的新感染率（new infections）下降超过30%，14个国家的下降幅度略低于30%，8个国家的新感染率没有下降或上升（见图3—8）。没有一个国家实现了2011年《联合国艾滋病毒/艾滋病政治宣言》（*United Nations Political Declaration on HIV/AIDS*）

---

① 联合国官网，健康地球上的和平、尊严与平等：https：//www.un.org/zh/sections/issues-depth/aids/index.html，登录时间：2020年5月30日。
② 联合国官网，健康地球上的和平、尊严与平等：https：//www.un.org/zh/sections/issues-depth/aids/index.html，登录时间：2020年5月30日。
③ 联合国官网，健康地球上的和平、尊严与平等：https：//www.un.org/zh/sections/issues-depth/aids/index.html，登录时间：2020年5月30日。
④ 联合国官网，健康地球上的和平、尊严与平等：https：//www.un.org/zh/sections/issues-depth/aids/index.html，登录时间：2020年5月30日。

的目标，即到 2015 年将性传播和与毒品有关的传播减少 50%。

New HIV infection trends among adults (15+ years), by country*, 2010–2016, and 75% reduction targets

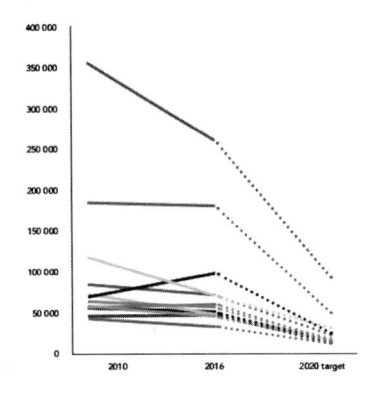

Country	2016	2020 target
South Africa	260 000	88 000
Nigeria	180 000	46 000
Russian Federation**	100 000	21 000
India	70 000	21 000
Mozambique	70 000	30 000
Kenya	56 000	16 000
Zambia	50 000	14 000
Brazil	47 000	11 000
Uganda	47 000	18 000
China***		
United Republic of Tanzania	45 000	14 000
Indonesia	45 000	15 000
United States of America****	38 000	11 000

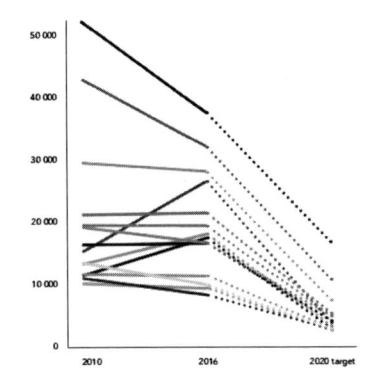

Country	2016	2020 target
Zimbabwe	37 000	16 000
Malawi	32 000	11 000
Cameroon	28 000	7 000
Ethiopia	26 000	4000
Angola	21 000	5000
Lesotho	19 000	5000
Pakistan	18 000	3000
Ghana	17 000	3000
Ukraine	16 000	4000
Côte d'Ivoire	16 000	5000
Mexico	12 000	3000
Dem. Rep. of Congo	10 000	3000
Namibia	9000	3000
Swaziland	8000	3000

图 3—8　2010—2016 年成年人群（15 岁以上）新艾滋病毒感染率及 75% 减少目标

* Coalition countries, Russia Federation and United States of America. ** HIV infection in the Russia, Federation on 31 December 2016. Federal Scientific and Methodological Center for Prevention and Control of AIDS, Federal Budget Institution of Science, Central Research Institute of Epidemiology of The Federal Service on Customer's Rights Protection and Human Right Well-being Surveillance.

*** Data will be available end of December 2017.

**** S Singh, R Song, AS Johnson, et al. HIV Incidence, Prevalence, and Undiagnosed Infections in Men Who Have Sex with Men.

Conference on Retroviruses and Opportunities Infections. Seattle, February 13 – 16, 2017. Abstract 30.

新的艾滋病毒感染率的缓慢下降阻碍着在结束艾滋病方面取得进一步进展。它增加了进一步扩大治疗方案的必要性，并在今后几年中会产生大量额外费用，因为每一种新的感染都需要终身治疗（lifelong treatment）。这也导致人们有增无减地需要维持消除儿童中艾滋病毒感染的方案。这些方案在为孕妇提供艾滋病毒检测和早期抗逆转录病毒治疗方面获得成功，但尚未充分降低育龄妇女的艾滋病毒发病率。

（二）艾滋病和可持续发展目标

2015年，联合国会员国一致通过可持续发展目标（Sustainable Development Goals，SDGs），到2030年终结艾滋病是其中的一个组成部分。吸取防治艾滋病毒的经验教训将有助于实现许多其他可持续发展目标，尤其是目标3健康福祉（good health and well-being），以及性别平等（gender equality）和增强妇女权能（women's empowerment）、减少不平等（reduced inequalities）、全球伙伴关系及公正（global partnerships and just）、和谐和包容社会的目标（peaceful and inclusive societies）。[①]

加强艾滋病毒预防的努力可以与实现2030年可持续发展议程的更广泛努力双轨并进。艾滋病毒的初级预防直接有助于实现可持续发展目标中的6个目标，目前艾滋病毒的持续传播阻碍了这些目标的进展（见图3—9）。例如，变革性的艾滋病应对措施可以为社会保护计划提供重要动力，利用现金转移，以有助于两性平等和赋予所有妇女和女孩权利、支持教育和减少贫穷的方式减少感染艾滋病毒的风险。同样，其他可持续发展目标方面的进展也有助于通过不让任何人掉队的政策来预防艾滋病毒。例如，改善教育机会，包括全面的性教育，将增强年轻人的抵御能力，促进改善健康成果。对艾滋病毒敏感的全民健康保险政策可在确保获得艾滋病毒预防的关键干预措施方面发挥重要作用。

因此，2020年预防艾滋病毒有助于实现可持续发展目标。实现这些目标的努力将反过来巩固艾滋病毒预防的成果。

---

① 联合国官网，健康地球上的和平、尊严与平等：https：//www.un.org/zh/sections/issues-depth/aids/index.html，登录时间：2020年5月30日。

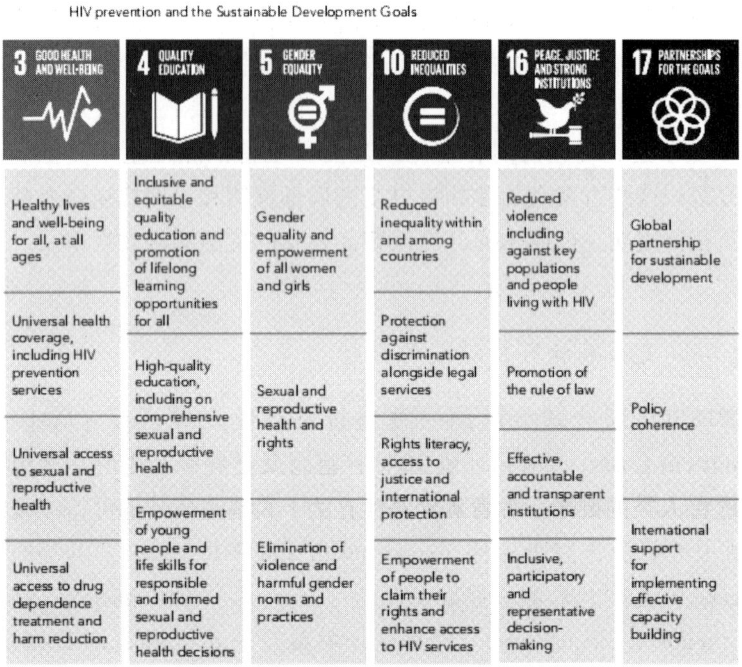

图 3—9　艾滋病毒预防及可持续发展目标

资料来源：联合国官网。

(三) 艾滋病联合规划署（UNAIDS）

联合国大家庭一直是抗击艾滋病的先锋队。1996 年成立的联合国艾滋病毒/艾滋病联合规划署（艾滋病署）致力于协调各方努力对抗艾滋病。艾滋病署是联合国大家庭中一个富有创新精神的联合机构，汇聚了联合国系统下 10 个组织的努力和资源，为的是将世界连结起来共同对抗艾滋病。这些组织包括：难民署（UNHCR）、儿基会（UNICEF）、粮食署（WFP）、开发署（UNDP）、人口基金（UNFPA）、禁毒办（UNODC）、劳工组织（ILO）、联合国教科文组织（UNESCO）、世卫组织（WHO）和世界银行（World Bank）。[①]

---

① 联合国官网，健康地球上的和平、尊严与平等：https：//www.un.org/zh/sections/issues-depth/aids/index.html，登录时间：2020 年 5 月 31 日。

三、淡水（Water）

水是可持续发展的核心要素，对社会经济发展、能源和粮食生产、生态系统健康以及人类自身的存活都至关重要。水也是适应气候变化的核心要素，是连接社会和环境的关键环节。[1]

水也属于个权利问题。随着全球人口的增加，对水资源的竞争性商业需求（competing commercial demands）越来越需要妥善平衡，使各个社区的需求得到满足。尤其是，妇女和女童必须享有私人的清洁卫生设施（private sanitation facilities），从而安全又有尊严地处理月事和孕事。[2]

从人类层面看，水和环境卫生不能地孤立看待。减轻全球疾病负担，改善人类的健康、教育和经济生产力，两者都至关重要。[3]

（一）与水有关的挑战（Water-related Challenges）[4]

• 2.2 billion people lack access to safely managed drinking water services. (WHO/UNICEF 2019)[5] • Over half of the global population or 4.2 billion people lack safely managed sanitation services. (WHO/UNICEF 2019)[6]	• 21亿人无法获得安全的饮用水服务。（世卫组织/儿基会，2017） • 45亿人缺乏安全的卫生设施服务。（世卫组织/儿基会，2017）

---

[1] 联合国官网，健康地球上的和平、尊严与平等：https://www.un.org/zh/sections/issues-depth/aids/index.html，登录时间：2020年5月31日。

[2] 联合国官网，健康地球上的和平、尊严与平等：https://www.un.org/zh/sections/issues-depth/aids/index.html，登录时间：2020年5月31日。

[3] 联合国官网，健康地球上的和平、尊严与平等：https://www.un.org/zh/sections/issues-depth/aids/index.html，登录时间：2020年5月31日。

[4] 联合国官网，健康地球上的和平、尊严与平等：https://www.un.org/zh/sections/issues-depth/aids/index.html，登录时间：2020年5月31日。

[5] Website of the United Nations, Peace, dignity and equality on a healthy planet: https://www.un.org/en/sections/issues-depth/water/index.html，登录时间：2020年5月31日。

[6] Website of the United Nations, Peace, dignity and equality on a healthy planet: https://www.un.org/en/sections/issues-depth/water/index.html，登录时间：2020年5月31日。

续表

● 29.7万 children under five die every year from diarrhoeal diseases due to poor sanitation, poor hygiene, or unsafe drinking water. (WHO/UNICEF 2019)①	● 每年有29.7万名5岁以下儿童死于腹泻。(世卫组织/儿基会,2015)
● 2 billion people live in countries experiencing high water stress. (UN 2019)②	● 每10人中有4人受水资源稀缺的影响。(世卫组织)
● 90 per cent of natural disasters are weather-related, including floods and droughts. (UNISDR)③	● 90%的自然灾害都与水有关。(联合国减灾办公室)
● 80 per cent of waste-water flows back into the ecosystem without being treated or reused. (UNESCO, 2017)④	● 80%的废水未经处理就排入生态系统或未得到循环利用。(联合国教科文组织,2017)
● Around two-thirds of the world's trans-boundary rivers do not have a cooperative management framework. (SIWI)⑤	● 世界上约2/3的跨界河流缺乏合作管理框架。(斯德哥尔摩国际水研究所)
● Agriculture accounts for 70 per cent of global water withdrawal. (FAO)⑥	● 农业取水量占全球取水量的70%。(粮农组织)
● Roughly 75 per cent of all industrial water withdrawals are used for energy production. (UNESCO, 2014)⑦	● 约75%的工业取水用于能源生产。(联合国教科文组织,2014)

---

① Website of the United Nations, Peace, dignity and equality on a healthy planet: https://www.un.org/en/sections/issues-depth/water/index.html,登录时间:2020年5月31日。
② Website of the United Nations, Peace, dignity and equality on a healthy planet: https://www.un.org/en/sections/issues-depth/water/index.html,登录时间:2020年5月31日。
③ Website of the United Nations, Peace, dignity and equality on a healthy planet: https://www.un.org/en/sections/issues-depth/water/index.html,登录时间:2020年5月31日。
④ Website of the United Nations, Peace, dignity and equality on a healthy planet: https://www.un.org/en/sections/issues-depth/water/index.html,登录时间:2020年5月31日。
⑤ Website of the United Nations, Peace, dignity and equality on a healthy planet: https://www.un.org/en/sections/issues-depth/water/index.html,登录时间:2020年5月31日。
⑥ Website of the United Nations, Peace, dignity and equality on a healthy planet: https://www.un.org/en/sections/issues-depth/water/index.html,登录时间:2020年5月31日。
⑦ Website of the United Nations, Peace, dignity and equality on a healthy planet: https://www.un.org/en/sections/issues-depth/water/index.html,登录时间:2020年5月31日。

图 3—10　联合国水资源可持续发展目标

资料来源：联合国官网。

（二）水权（the Rights to Water）

2010 年 7 月，大会将水和卫生纳入人权范畴，是近期最重要的里程碑事件之一。大会承认每个人都有获得充足水资源以供个人和家庭使用（每人每天 50 升到 100 升）的权利，水资源必须安全、可接受、价格合理（用于水的花费不应该超过家庭收入的 3%）、容易获取（水源必须在住所周围 1000 米以内，取水时间不应该超过 30 分钟）。[①]

[①] 联合国官网，健康地球上的和平、尊严与平等：https：//www.un.org/zh/sections/issues-depth/water/index.html，登录时间：2020 年 5 月 31 日。

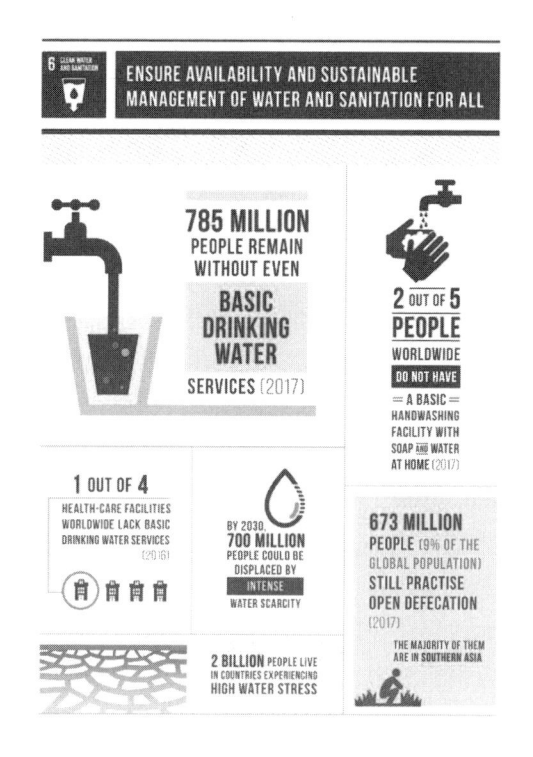

2010年7月28日，联合国大会通过第64/292号决议，明确认可了用水和使用卫生设施的人权，并且承认干净的饮用水和卫生设施对实现所有人权来说是必不可少的。该决议还呼吁各国和国际组织提供财力资源，帮助提高能力和技术转让（technology transfer），用来帮助一些国家，特别是发展中国家，向其人民提供安全的、清洁的、可获得的、价格合理的饮用水和卫生设施。①

2002年11月，经济、社会和文化权利委员会采纳了在用水权利上的第15号一般性意见。第一条第一款指出："用水的人权对于有尊严的生活来说必不可少，这是实现其他人权的先决条件。"（The human right to water is essential for a dignified life, which is a prerequisite for the realization of other human rights.）第15号一般性意见还进一步将用水的权利定义为每个人都有享受用于个人和家庭用途的、充足的、安全的、可接受的、实际上可获得并价格合理的水资源的权利。②

目前在一些地区仍存在以下用水问题：③

● 在撒哈拉以南非洲农村地区，上百万的人和动物共用家庭用水，或者依赖无卫生保护的水井，这些水井是病原体的滋生地。

● 在非洲和亚洲，妇女步行取水的平均距离为6公里。

● 水的平均使用量从在欧洲的大部分国家每人每天200—300升到在莫桑比克这样的国家每人每天少于10升不等。在发展中国家，缺乏质量较高用水机会的人的用水量更加少，部分原因是他们不得不从很远的地方取水，而且水很重。大约有8.84亿人还住在距离水源超过1公里处，用水量常常是每天5升，而且是不安全的饮水。

● 对从事适度体力活动的哺乳期妇女，基本要求是一天7.5升。

● 在发展中国家，有将近一半的人正在面临质量差的用水和卫生设施导致的健康问题。不洁净的水和很差的卫生条件是儿童的第二大杀

---

① 联合国官网，国际行动十年，生命之水，2005—2015：https://www.un.org/zh/waterforlifedecade/human_right_to_water.shtml，登录时间：2020年5月31日。
② 联合国官网，国际行动十年，生命之水，2005—2015：https://www.un.org/zh/waterforlifedecade/human_right_to_water.shtml，登录时间：2020年5月31日。
③ 联合国官网，国际行动十年，生命之水，2005—2015：https://www.un.org/zh/waterforlifedecade/human_right_to_water.shtml，登录时间：2020年5月31日。

手。据计算，儿童每年大约有 4.43 亿的上学时间给了与用水有关的疾病。

• 在塔吉克斯坦，大约有 1/3 的人口从运河和灌溉沟渠取水，这使得他们暴露在被污染的农业用水支流的危险下。

• 一项关于塞内加尔 5000 所学校的调查显示，它们中有超过一半的学校没有水供应，几乎有一半的学校没有卫生设施。在那些有卫生设施的学校中，仅有一半的学校有供男孩、女孩分开使用的设施。结果就是，女孩选择不使用这些设施，要么是因为她们不想冒上厕所被看到的风险，要么是因为她们被告诫这些设施不够私密或者干净。女孩还会在学校通过减少喝水来避免上厕所，这样会导致她们因脱水而不能集中精力学习。

• 住在雅加达、马尼拉和内罗毕贫民窟的人们在用水上的花费，是那些住在相同城市高收入地区人们的 5—10 倍，与住在伦敦或纽约的人相比，甚至更多。在马尼拉，与这些设施连通的花费对最贫穷的 20% 的家庭而言，是他们 3 个月的收入，而在肯尼亚城市地区则是他们高达 6 个月的收入。

（三）水和联合国（the UN and Water）

长期以来，联合国一直致力于应对由供水不足导致的全球危机，以满足基本人类需求以及人类、商业和农业对世界水资源日益增长的需求。[①]

联合国水事会议（1977 年，the United Nations Water Conference）、国际饮水供应和卫生十年（1981—1990 年，the International Drinking Water Supply and Sanitation Decade）、水与环境问题国际会议（1992 年，the International Conference on Water and the Environment）以及地球问题首脑会议（1992 年，the Earth Summit）全部专注于解决这一重要资源短缺问题。尤其是国际社会近年的努力已帮助发展中国家大约 13 亿人

---

① 联合国官网，健康地球上的和平、尊严与平等：https://www.un.org/zh/sections/issues-depth/water/index.html，登录时间：2020 年 5 月 31 日。

获得安全饮用水。①

2005—2015 年的"生命之水"国际行动在 10 年中帮助发展中国家的约 13 亿人获得安全饮用水，推动环境卫生取得进展，为实现千年发展目标做出贡献。②

近期具有里程碑意义的协定包括《2030 年可持续发展议程》（the 2030 Agenda for Sustainable Development）、《2015—2030 年仙台减少灾害风险框架》（the 2015—2030 Sendai Framework for Disaster Risk Reduction）、2015 年为解决发展筹资问题而达成的《亚的斯亚贝巴行动议程》（the 2015 Addis Ababa Action Agenda on Financing for Development）以及《联合国气候变化框架公约》（UN Convention Framework on Climate Change）下的 2015 年的《巴黎协定》（the 2015 Paris Agreement）。③

图 3—11　缺水的非洲儿童

资料来源：联合国官网。

---

① 联合国官网，健康地球上的和平、尊严与平等：https：//www.un.org/zh/sections/issues-depth/water/index.html，登录时间：2020 年 5 月 31 日。
② 联合国官网，健康地球上的和平、尊严与平等：https：//www.un.org/zh/sections/issues-depth/water/index.html，登录时间：2020 年 5 月 31 日。
③ 联合国官网，健康地球上的和平、尊严与平等：https：//www.un.org/zh/sections/issues-depth/water/index.html，登录时间：2020 年 5 月 31 日。

第二节 难民和移民

一、难民问题对全球的影响

(一) 全球难民状况

1. 难民总体状况

我们正在亲历有史以来规模最为庞大的全球的民众流离失所现象。全球有逾7080万人被迫远离家园,这一数字已达到历史新高。他们中包括2590万名难民,其中超过半数是18岁以下的未成年人。此外,有390万名无国籍人士被剥夺了国籍和享有教育、医疗卫生、就业以及行动自由等基本权利。联合国难民署的工作比以往任何时候都更为重要。[1]

2017年,撒哈拉以南非洲的难民人口增加了110万(22%),主要是由于南苏丹的危机,100多万人从那里逃到苏丹和乌干达(见表3—2)。[2] 这个地区有630万难民,收容了世界难民人口的近1/3。当年底,土耳其收容的难民人数最多(年内增加到350万人),而欧洲大陆其他国家则收容了260万人。在亚太地区,难民人口在2016—2017年间增加了21%,截至2017年12月,难民总数为420万,主要原因是缅甸若开邦罗兴亚难民在下半年涌入孟加拉国。与此同时,到2017年底,中东和北非的难民人数仍相当稳定,为270万人。同年,美洲地区收容了64.42万名难民,比上一年下降6%。

2017年,全球新登记的难民人数约为270万人,比2016年翻了一番,接近2014年新登记的难民人数记录。这一数据是根据在群体或表面上得到承认的132.07万难民以及获得某种临时形式保护的141.08万

---

[1] 联合国难民署官网:https://www.unhcr.org/cn/%e6%95%b0%e6%8d%ae%e4%b8%80%e8%a7%88,登录时间:2020年5月23日。

[2] *Global Trends-Forced Displacement in 2017*, pp. 13-14, UNHCR.

表3—2　2017年联合国难民署难民人数

UNHCR regions	Refugees (including persons in a refugee-like situation) Start - 2017	Refugees (including persons in a refugee-like situation) End - 2017	Change Absolute	Change %	% of total, end - 2017
- Central Africa and Great Lakes	1381900	1475700	93800	6.8	7
- East and Horn of Africa	3290400	4307800	1017400	30.9	22
- Southern Africa	162100	197700	35600	22.0	1
- West Africa	300600	286900	-13700	-4.6	1
Total Africa*	5135100	6268200	1133100	22.1	31
Americas	682700	644200	-38500	-5.6	3
Asia and Pacific	3477800	4209700	731900	21.0	21
Europe	5200200	6114300	914100	17.6	31
thereof: Turkey	2869400	3480300	610900	21.3	17
Middle East and North Africa	2679500	2704900	25400	0.9	14
Total	17175300	19941300	2766000	16.1	100

资料来源：联合国官网。

人计算的。这些难民大多逃到邻国或邻近地区的其他地方（见图3—11）。①

2017年，全球有超过270万人逃离家园前往另一个国家，其中绝大多数人（88%）仅来自3个国家（南苏丹、叙利亚、缅甸），并在边境国家或其邻近地区找到保护。

根据现有定义，截至2017年底，全球有1340万难民（约占所有难民的2/3）处于旷日持久的难民状况（protracted refugee situation②，难民署将旷日持久的难民情况定义为同一国籍的2.5万或更多难民在某一庇护所内连续5年或5年以上流亡国家③），较2016年的1160万有所增加。其中，

---

① *Global Trends-Forced Displacement in 2017*, pp. 18 - 20, UNHCR.
② *Global Trends-Forced Displacement in 2017*, p. 22, UNHCR.
③ 这个标准显然有局限性，因为每种情况下的难民人口都会因本定义未涵盖的新移民和返回而发生变化。此外，即使流离失所时间延长，也可能不包括较小的难民情况，特别是当来自一个国籍的难民在不同的庇护国时。

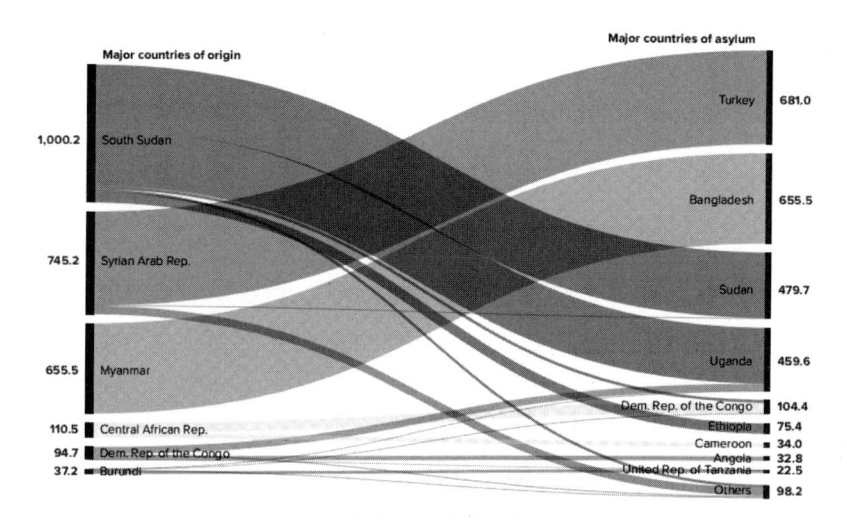

图 3—12　2017 年难民庇护所目的地

资料来源：联合国官网。

有 300 万人的处境持续了 38 年或更长时间，尤其是在伊朗和巴基斯坦的 230 万阿富汗难民，他们的流离失所状况始于 1979 年。有 690 万人处于持续时间较短（5—9 年）局势中，其中有 540 万人是在埃及、伊拉克、约旦、黎巴嫩和土耳其的叙利亚难民。其余 350 万人处于 10—37 年的长期难民状况。2017 年，有三种新情况旷日持久：刚果民主共和国的中非难民、埃塞俄比亚的南苏丹难民和埃及的叙利亚难民。同时，有两种情况不再被认为是旷日持久的：在以色列的厄立特里亚难民（由于减少到 2.5 万人以下）和在布基纳法索的马里人（主要是因重新宣誓入籍而减少了人数）。

截至 2018 年底，全球难民人口为 2590 万，其中包括近东救济工程处授权的 550 万巴勒斯坦难民，目前处于有记录以来的最高水平。[①]

自 2012 年达到 1050 万人以来，难民署授权的难民人数几乎翻了一番。在 2018 年期间，这一人口增加了约 41.711 万人，即 2%。虽然这是难民人口连续第 7 年增加，但却是 2013 年以来的最小增幅。许多新

[①] 本报告的重点是难民署授权范围内的 2040 万难民，除非另有说明，本文件中提到的难民都是指这类人口。

来的难民和难民登记被核查后的返回和调整部分抵消，结果就是总人口规模略有增大。①

虽然撒哈拉以南非洲的难民人口只有1%的小幅增长，但这掩盖了广泛的次区域差异。例如，中部非洲和大湖地区的人口略有减少，西部非洲的人口增加了13.7%（见表3—3②）。新登记的叙利亚难民在土耳其的人数意味着，仅在土耳其接待的难民署任务范围内的所有难民的比例就增加到18%，而欧洲其他地区则增加了14%。亚太地区局势导致2017年难民人口出现大流量后，2018年保持相对稳定。中东北非难民人口略有减少。美洲登记的难民人数也略有下降，主要原因是哥伦比亚难民离开委内瑞拉玻利瓦尔共和国。

表3—3　2018年联合国难民署难民人数

UNHCR regions	Refugees (including persons in a refugee-like situation)		Change		% of total, end – 2018
	Start – 2018	End – 2018	Absolute	%	
– Central Africa and Great Lakes	1475700	1449400	–26300	–1.8	7
– East and Horn of Africa	4307800	4348800	41000	1.0	21
– Southern Africa	197700	211000	13300	6.7	1
– West Africa	286900	326300	39400	13.7	2
Total Africa*	6268200	6335400	67200	1.1	31
Americas	646100	643300	–2800	–0.4	3
Asia and Pacific	4209700	4214600	4900	0.1	21
Europe	6114200	6474600	360300	5.9	32
thereof: Turkey	3480300	3681700	201400	5.8	18
Middle East and North Africa	2705400	2692700	–12700	–0.5	13
Total	19943600	20360600	417000	2.1	100

* Excluding North Africa.

资料来源：联合国官网。

---

① *Global Trends-Forced Displacement in 2018*, p.13, UNHCR.
② *Global Trends-Forced Displacement in 2018*, p.13, UNHCR.

2. 特殊群体：城市难民（Urban Refugees）

在全球范围内，城市人口多于农村人口。2018 年，全球有约 55% 的人口是城市人口，而 1950 年仅为 30%。然而，这一数字掩盖了重要的差异，城市化在北美和欧洲等发达地区最为普遍。亚洲大约一半的人口是城市人口，非洲 43% 的人口也是城市人口。难民人口反映了这些全球变化，既反映了难民的来源地区的变化，也反映了难民的庇护国和收容的地区的变化。[1]

对城市难民危机的人道主义反应（humanitarian response[2]）和对庇护国的影响，反映了城市和农村收容社区在住房、基础设施、服务提供以及经济和社会结构方面的重大差异。与难民营不同的是，城市允许难民自主生活，以便找到就业机会或经济发展机会，但这其中也有危险、风险和挑战。难民可能容易受到剥削、逮捕或拘留，并可能被迫与最贫穷的当地工人竞争最差的工作。

因此，了解难民流动城市化（urbanization of refugee movements[3]）的主要趋势，对于确保采取适当和综合的政策来满足难民收容社区的需要以及改善他们的生活至关重要。难民署致力于最大限度地提高流离失所者的生产技能，努力帮助流离失所者找到他们应得的安全保障。这反过来又有助于刺激东道国社区内的经济增长和发展，同时加强普遍享有人权的机会。

应对城市难民情况挑战的不同反应范围和情况也至关重要。这在《全球难民契约》（Global Compact on Refugees）中得到充分承认，该契约明确提到难民的重要作用。难民专员办事处利用其城市难民政策，通过以往取得的经验和见解，采取了创新和联网的办法，促进难民融入城市生活，特别是提出"城市团结倡议"（the Cities of Solidarity Initiative[4]）。这决定了市政当局要在促进有助于社会经济一体化的积极干预和挑战方面进行对话，为市政当局提供了一个有作为的机会，展示了其在欢迎难民方面的多样性。

---

[1] *Global Trends-Forced Displacement in 2018*, p. 56, UNHCR.
[2] *Global Trends-Forced Displacement in 2018*, p. 56, UNHCR.
[3] *Global Trends-Forced Displacement in 2018*, p. 57, UNHCR.
[4] *Global Trends-Forced Displacement in 2018*, p. 57, UNHCR.

2018 年，全球城市难民人口比例估计为 61%。难民所在地的数据覆盖范围是可变的，覆盖了难民人口的 56%。鉴于高收入国家的覆盖面最小，而且为了不使结果偏向低收入和更多的农村庇护国，因为庇护国的 75% 或更多的国民人口是城市人口，因此假定收容难民将是城市人口。①

城市难民人口最多的是土耳其，根据报道，绝大多数难民居住在城市或其周边地区，而住在临时收容中心的 13.7 万叙利亚难民（4%）除外。根据土耳其政府的临时保护条例，对叙利亚难民的城乡分类没有报告，但鉴于该国的城市化程度很高（75%），假定大多数难民将是城市难民，而有些难民也生活在农村和半农村地区。②

德国报告的城市难民人口超过 100 万，因为该国 3/4 以上的人口生活在城市地区。在已报告有城乡混乱情况的国家中，巴基斯坦报告的城市难民人口为 95.7 万，占难民人口的 68%，几乎所有难民都来自阿富汗。同样，伊朗报告称，该国城市难民人口为 94.96 万，其中大部分是阿富汗难民，占该国难民人口的近 97%。③

同样，2018 年最大的城市难民人口来自叙利亚，有 630 万人，占已知地点总人口的 98%。其次是阿富汗难民人口，城市地区有 210 万，占总人口的 82%。④

城市难民人口的特征不同于农村人口。超过 2/3 的农村难民人口未满 18 岁，而不满 18 岁的在城市难民人口中占 48%。在成年人口中，城市难民人口中的男子比例（58%）高于农村难民人口（47%）。⑤

鉴于数据的可得性和准确性，目前得到的这些数据表明，21 世纪城市难民人口的比例和数量有所上升。在 21 世纪初，大多数居民生活在难民营或农村。从 2006 年开始，城市难民的比例显著上升，到 2018 年达到 61%。自 2012 年以来，叙利亚难民的涌入使城市难民的绝对人数增加了一倍多。⑥

---

① *Global Trends-Forced Displacement in 2018*, p. 57, UNHCR.
② *Global Trends-Forced Displacement in 2018*, p. 57, UNHCR.
③ *Global Trends-Forced Displacement in 2018*, p. 57, UNHCR.
④ *Global Trends-Forced Displacement in 2018*, p. 57, UNHCR.
⑤ *Global Trends-Forced Displacement in 2018*, p. 57, UNHCR.
⑥ *Global Trends-Forced Displacement in 2018*, p. 57, UNHCR.

3. 新增难民

2018 年，据报道，有 110 万人成为新难民，低于 2017 年的 270 万人。这一数字包括在群体或表面上得到承认的 59.93 万名难民，以及 46.12 万获得某种形式的临时保护的人。①

叙利亚难民是按群体或初步证据登记的最大的新难民群体，占新登记人数的一半以上，新登记人数为 52.65 万。其中大部分在土耳其，2018 年登记在册的有 39.76 万人（许多人更早到达），其次是苏丹 8.17 万人、伊拉克 1.56 万人，约旦 1.33 万人、希腊 1.18 万人、埃及 5300 人。②

南苏丹的持续冲突使许多人流离失所，2018 年有 17.92 万新难民登记，低于前一年记录的 100 多万新难民。在这些新的南苏丹难民流动中，有一半以上（9.94 万人）前往苏丹，但也有大量南苏丹人进入乌干达（4.07 万人）、埃塞俄比亚（2.54 万人）、肯尼亚（7300 人）和刚果民主共和国（5900 人）。③

2018 年，刚果民主共和国难民是第三大新难民群体，有 12.34 万人被迫跨境流入他国。这些新难民几乎都逃到了乌干达（11.99 万人），而在卢旺达（2600 人）和南苏丹（800 人）登记的新难民人数较少。④

其他新难民来源国包括中非共和国（5.31 万人，主要去往乍得和喀麦隆）、尼日利亚（4.1 万人，主要去往喀麦隆）、喀麦隆（3.26 万人，全部去往尼日利亚）、苏丹（1.97 万人，主要去往南苏丹）、缅甸（1.63 万人，全部去往孟加拉国）、厄立特里亚（1.49 万人，大部分去往埃塞俄比亚）、阿富汗（1.05 万人，大部分去往希腊）和布隆迪（1.01 万人，主要去往卢旺达和刚果民主共和国）。⑤

土耳其是 2018 年登记新难民最多的庇护国（the country of asylum），根据政府临时保护条例（Government's Temporary Protection Regulation）登记的叙利亚难民有 39.76 万。⑥ 其次是苏丹，报告了来自南苏丹

---

① *Global Trends-Forced Displacement in 2018*, p. 20, UNHCR.
② *Global Trends-Forced Displacement in 2018*, p. 20, UNHCR.
③ *Global Trends-Forced Displacement in 2018*, p. 20, UNHCR.
④ *Global Trends-Forced Displacement in 2018*, p. 21, UNHCR.
⑤ *Global Trends-Forced Displacement in 2018*, p. 21, UNHCR.
⑥ 许多新登记的难民在 2018 年之前就在土耳其。

(9.94万人)、叙利亚(8.17万人)、中非共和国(4700人)和也门(700人)的新难民。乌干达2018年还登记了16.06万名新难民,主要来自刚果民主共和国(11.99万人)和南苏丹(4.07万人)。此外,喀麦隆报告了52.8万名新难民,来自尼日利亚(3.18万人)和中非共和国(2.09万人);埃塞俄比亚报告了4.21万名新难民,主要来自南苏丹(2.54万人)、厄立特里亚(1.46万人)、苏丹(1200人)和索马里(800人);尼日利亚报告了3.26万名新难民,全部来自喀麦隆。①

(二)秘书长的报告

联合国大会请潘基文秘书长编写一份报告,提出应对大规模难民和移徙者流动问题的建议。秘书长于2016年5月9日印发了题为《有安全和尊严:处理大规模难民和移民流动问题》的报告。②

图3—13 秘书长潘基文访问黎巴嫩贝卡谷地的叙利亚难民营
资料来源:联合国官网。

报告强调了三个相互依赖的支柱。他呼吁建立一个新的综合框架,并提出解决共同关切问题的建议,包括此类流动的根源,保护那些被迫

---

① *Global Trends-Forced Displacement in 2018*, p. 21, UNHCR.
② 难民和移民官网: https://refugeesmigrants.un.org/zh/secretary-generals-report, 登录时间:2020年5月23日。

踏上这些征程的人以及防止他们频繁遇到的歧视和仇外现象（discrimination and xenophobia）。[1]

该报告是根据大会第 70/539 号决议提交的，为定于 2016 年 9 月 19 日举行的处理难民和移民大规模流动问题高级别全体会议（High-level Plenary Meeting on Addressing Large Movements of Refugees and Migrants[2]）提供了背景和建议。它分为五个部分，首先是全球趋势概览，分析难民和移民大量流动的原因，讨论他们在途中和抵达时的特殊需要。在简要审查了最近的有关倡议之后，有人呼吁做出新的全球承诺，处理难民和移民的大规模流动问题。

首先是提出建议，确保难民和移民的人权、安全和尊严，包括处理导致这些流动的原因，保护那些被迫进行这种旅行的人，防止歧视和仇外心理。呼吁通过一项关于分担难民责任的全球契约，以更可预测和公平的方式应对难民的大规模流动，并规定了难民综合应对计划的内容。

最后，报告呼吁通过制定一项安全、定期和有秩序的全球移民契约，加强全球移民治理。

（三）2016 年联合国难民和移民首脑会议（UN Summit for Refugees and Migrants 2016）

2016 年联合国难民和移民首脑会议讨论难民和移徙者大规模流动问题，目的是以一种更加人道和协调的办法将所有国家聚拢在一起。

这是大会首次呼吁举行一次国家元首和政府首脑级别的会议，以讨论难民和移徙者大规模流动问题，这为绘制更好的国际对策蓝图提供了一次历史性机会。这是加强国际移徙治理的一个转折性时刻，也为建立一个更加负责、更可预测的系统以应对难民和移徙者大规模流动提供了一次独特的机会。[3]

---

[1] 难民和移民官网：https：//refugeesmigrants. un. org/zh/secretary-generals-report，登录时间：2020 年 5 月 23 日。

[2] See *In safety and dignity：addressing large movements of refugees and migrants*，p. 1，A/70/59.

[3] 难民和移民官网：https：//refugeesmigrants. un. org/zh/summit-refugees-and-migrants，登录时间：2020 年 5 月 23 日。

此次活动于 2016 年 9 月 19 日（星期一）在纽约联合国总部全天举行。各国国家元首和政府首脑、部长以及来自联合国系统、民间社会（civil society）、私营部门（private sector）、国际组织、学术界和其他方面的领导人按照大会关于首脑会议方式的决议出席了首脑会议。民间社会和私营部门在圆桌会议上发言的进程分别由联合国非政府联络处（UN Non-Government Liaison Service，UN-NGLS①）和联合国全球契约（UN Global Compact）管理。

（四）大国与《纽约宣言》

在此次联合国会议中，全世界将为制定同一项计划团结一致。会员国协商一致，达成强有力的成果文件——《关于难民和移民的纽约宣言》（The New York Declaration for Refugees and Migrants）。该宣言传达了世界领袖在全球范围内拯救生命、保护权利和分担责任的政治意愿。

《纽约宣言》包括一系列大胆的承诺，既要解决我们目前面临的问题，也要为应对未来的挑战做准备。这些承诺包括：②

- 保护所有难民和移民的人权，不论他们拥有何种法律地位。这包括妇女和儿童的权利，努力确保她们充分、平等和有效地参与解决方案的制定。
- 确保所有难民和移民儿童在抵达后若干月内就能接受教育。
- 预防和应对性暴力和性别暴力（sexual and gender-based violence）。
- 对援救、接纳和收容大量难民和移民的国家提供支助。
- 努力终止为确定移民身份而拘留儿童的做法。
- 强烈谴责针对难民和移民的仇外心理，开展消除仇外心理的全球运动。
- 强化宣传移民为收容国的经济和社会发展所做的积极贡献。

---

① Website of Refugees and Migrants：https：//refugeesmigrants. un. org/summit，登录时间：2020 年 5 月 24 日。
② 难民和移民官网：https：//refugeesmigrants. un. org/zh/declaration，登录时间：2020 年 5 月 24 日。

08:30 AM	**OPENING** [General Assembly Hall]	08:30 AM

H.E. Peter Thomson, President of the 71st session of the General Assembly
H.E. Mogens Lykketoft, President of the 70th session of the General Assembly
H.E. Ban-Ki-Moon, Secretary-General
H.E. Jim Yong Kim, President of the World Bank Group
H.E. Filippo Grandi, High Commissioner for Refugees
---- Signing Ceremony of UN-IOM Agreement ---
H.E. William Lacy Swing, Director General of the International Organization for Migration
H.E. Zeid Ra'ad Al Hussein, High Commissioner for Human Rights
Mr. Peter Sutherland, Special Representative of the Secretary-General for International Migration
Ms. Phumzile Mlambo-Ngcuka, Executive Director of UN-Women on behalf of the Global Migration Group
H.E. Yury Fedotov, Executive Director of the United Nations Office on Drugs and Crime
Mr. Mats Granryd, Director General of GSMA
Ms. Eni Lestari Andayani Adi, International Migrants Alliance (IMA) - (Indonesia)
Mr. Mohammed Badran, Syrian Volunteers in the Netherlands (SYVNL) - (Syrian Arab Republic)
Ms. Nadia Murad Basee Taha, Yazda and UNODC Goodwill Ambassador for the Dignity of Survivors of Human Trafficking

09:30 AM

大会全体发言临时名单①

09:30 AM

PLENARY SESSION [Trusteeship Council Chamber] 9.30am - 7.30pm	PLENARY SESSION [ECOSOC Chamber] 9.30am - 7.30pm	**Round Table 1** [CR 2] "Addressing the root causes of large movements of refugees"	**Round Table 2** [CR 3] "Addressing drivers of migration, particularly large movements, and highlighting the positive contributions of migrants"	**Round Table 3** [CR 4] "International action and cooperation on refugees and migrants and issues related to displacement: the way ahead"
		Round Table 4 [CR 2] "Global compact for responsibility-sharing for refugees; respect for international law"	**Round Table 5** [CR 3] "Global compact for safe, regular and orderly migration: towards realizing the 2030 Agenda for sustainable development and achieving full respect for the human rights of migrants"	**Round Table 6** [CR 4] "Addressing vulnerabilities of refugees and migrants on their journeys from their countries of origin to their countries of arrival"

10:00 AM
01:00 PM
03:00 PM
06:00 PM

大会圆桌会议主席及发言临时名单②

07:30 PM	**CLOSING** [General Assembly Hall]	07:30 PM
08:00 PM		08:00 PM

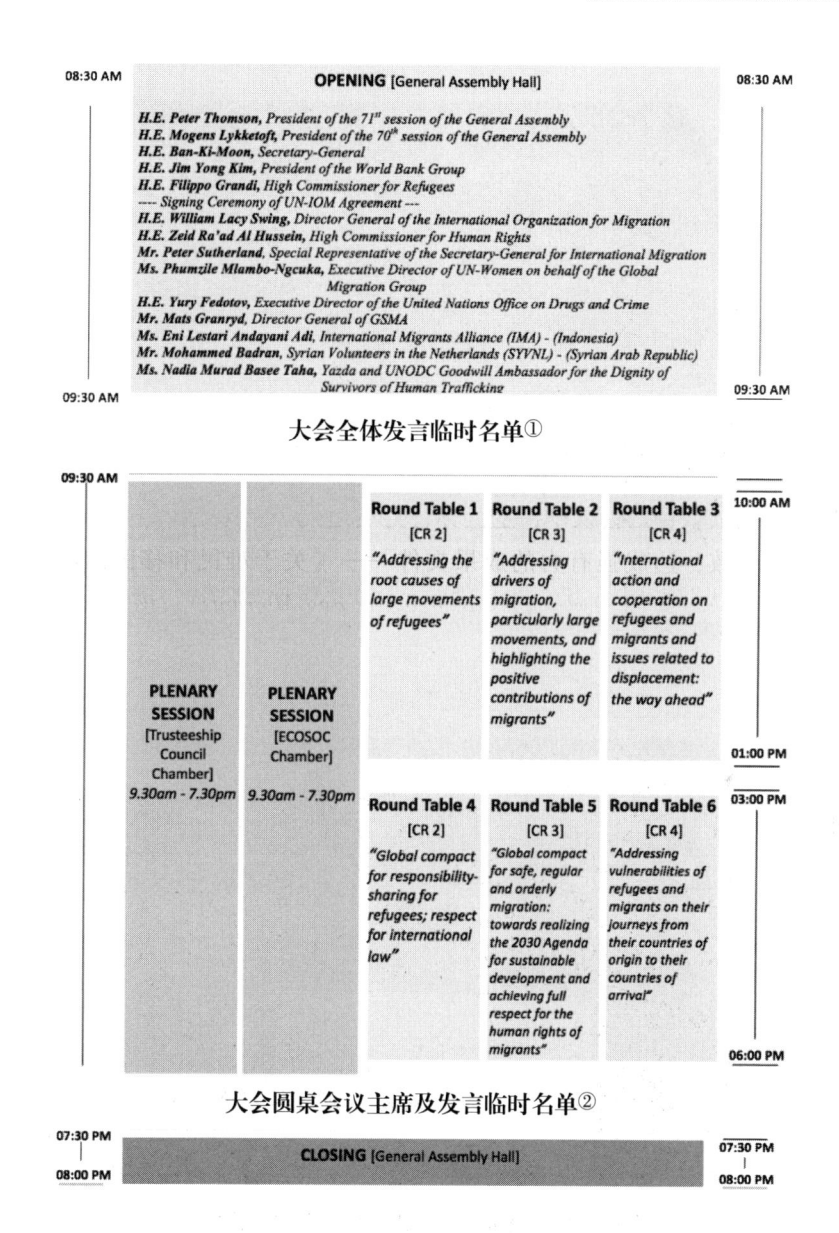

① Website of Refugees and Migrants：https：//refugeesmigrants. un. org/summit，登录时间：2020年5月24日。

② Website of Refugees and Migrants：https：//refugeesmigrants. un. org/summit，登录时间：2020年5月24日。

图3—14　联合国难民和移民首脑会议开幕式

资料来源：联合国官网。

图3—15　史蒂夫旺达和莱奥纳多迪卡普里奥

资料来源：联合国官网。

• 加强面向最受影响的国家的人道主义和发展资助，采用创新的多边融资方案，致力于解决所有的资金缺口。

- 制定一个全新框架，规定会员国、民间社会合作伙伴和联合国系统的责任，并根据该框架执行全面的响应方案，应对难民大规模流动问题或持久的难民危机。
- 为所有难民署认定需要重新安置的难民寻找新的居所；通过劳动力流动或教育计划等途径，增加难民重新安置到其他国家的机会。
- 将国际移民组织纳入联合国系统，加强移民问题的全球治理。

《纽约宣言》还包含关于如何坚守这些承诺的具体计划：①

- 启动谈判程序，争取召开一次国际会议，并在2018年通过一份实现安全、有序和正常移民的全球契约。推动通过这份契约达成共识十分重要，因为这就意味着像国际关系的其他领域一样，移民问题也将拥有一套共同的指导原则和方法。
- 指定对待处境脆弱移民的准则。这种准则对于日渐增多的孤身儿童而言尤为重要。
- 在2018年通过一份难民问题全球契约，更平等地分担收容和支持世界难民的负担和责任。

（五）《全球难民契约》（the Global Compact on Refugees）

作为2016年《纽约宣言》后续行动的一部分，难民事务高级专员在其2018年提交的联合国大会的年度报告中提交了《全球难民契约》。②

根据《纽约宣言》所载的难民问题全面响应框架，联合国难民事务高级专员的任务是与各国和其他利益攸关方协商，制定并提交新的《全球难民契约》。该进程包括2017年2—7月就各草案进行正式磋商。③

高级专员在其提交联合国大会的2018年年度报告中提交了契约的

---

① 难民和移民官网：https：//refugeesmigrants. un. org/zh/declaration，登录时间：2020年5月24日。
② 难民和移民官网：https：//refugeesmigrants. un. org/zh/declaration，登录时间：2020年5月24日。
③ 难民和移民官网：https：//refugeesmigrants. un. org/zh/declaration，登录时间：2020年5月24日。

最终草案,该契约将和联合国难民署的年度决议一同在年底前提交大会。①

《全球难民契约》旨在加强国际社会对大规模难民流动和旷日持久的难民局势的反应。它以现有国际法律和标准为基础,包括1951年《难民公约》(Refugee Convention)和《人权条约》(Human Rights Treaties),并力求更好地定义合作以分担责任。②

它的四个主要目标是:③

- 减轻对东道国(host countries)的压力;
- 加强难民自力更生能力;
- 扩大通过第三国解决难民问题的途径;
- 支持难民安全有尊严地返回原籍国。

图3—16 面对全球难民危机,发展中国家正在崛起,伸出援助之手

资料来源:联合国难民署。

---

① 难民和移民官网:https://refugeesmigrants.un.org/zh/declaration,登录时间:2020年5月24日。
② 难民和移民官网:https://refugeesmigrants.un.org/zh/declaration,登录时间:2020年5月24日。
③ 难民和移民官网:https://refugeesmigrants.un.org/zh/declaration,登录时间:2020年5月24日。

二、移民问题对全球的影响

(一) 全球移民状况

1. 移民总体状况

今天,全世界有超过 2.58 亿移民生活在他们的出生国之外。预计这一数字还将上涨,其原因多种多样,包括人口增长、连通性增加(increasing connectivity)、贸易、不平等加剧、人口失衡和气候变化等。迁居为移民、收容社区 (host communities) 和原籍社区 (communities of origin) 带来了巨大的机会和利益。然而,若监管不力,则可能带来重大挑战。这些挑战包括社会基础设施压力剧增、超出预期的大量外来人员涌入以及移民在危险跋涉途中的死亡。[1]

2016 年,全世界难民和寻求庇护者 (asylum seekers[2]) 总数估计为 2590 万人。土耳其是世界上难民人口最多的国家,有 310 万难民和寻求庇护者,其次是约旦 (290 万人)、巴勒斯坦 (220 万人)、黎巴嫩 (160 万人) 和巴基斯坦 (140 万人)。

近年来,全球国际移民人数持续快速增长,2017 年达到 2.58 亿,高于 2010 年的 2.2 亿和 2000 年的 1.73 亿。60% 以上的国际移民生活在亚洲 (8000 万人) 或欧洲 (7800 万人)。北美洲的国际移民人数位居第三 (5800 万人),其次是非洲 (2500 万人)、拉丁美洲和加勒比 (1000 万人) 和大洋洲 (800 万人)。2017 年,所有国际移民中有 2/3 (67%) 居住在 20 个国家。居住在美利坚合众国的国际移民人数最多 (5000 万)。沙特阿拉伯、德国和俄罗斯联邦是世界第二、第三和第四大移民国 (各约 1200 万人),其次是大不列颠及北爱尔兰联合王国

---

[1] 难民和移民官网：https：//refugeesmigrants.un.org/zh/migration-compact,登录时间：2020 年 5 月 26 日。

[2] United Nations, Department of Economic and Social Affairs: *International Migration Report 2017: Highlights Key Facts*.

（近900万人）。①

2019年，国际移民（international migrants）人数估计为2.72亿，比2010年增加5100万。由于国际移民人数的增长速度快于总人口的增长速度，他们在世界人口中所占的份额一直在增加。目前，国际移民占全球人口的3.5%，而2000年为2.8%。在北部，②每100名居民中就有1人是国际移民；而在南部，③这一比例仅为2/100。④

居住在南方的国际移民比例从2005年的39%增加到2019年的44%。在南方，大部分增长发生在高收入和中上收入国家（high-income and upper-middle-income countries），这些国家现在收容了生活在南方的所有移民的70%。⑤

2010—2017年间，难民和寻求庇护者人数增加了约1300万，占国际移民人数增长的近1/4。这一期间，难民和寻求庇护者的年平均增长率超过8%，而其他移民在2010—2019年间的年增长率低于2%。截至2017年，超过83%的难民和寻求庇护者居住在南部。⑥

2017年，北非和西亚接待了全球46%的难民和寻求庇护者，其中大部分（接近90%）居住在西亚次区域。撒哈拉以南非洲的东道国接待的难民和寻求庇护者接近21%（590万人），而中亚和南亚以及欧洲的东道国接待的难民和寻求庇护者分别接近全球总数的13%（360万人）。⑦

2017年，其他四个可持续发展目标区域收容的难民和寻求庇护者

---

① United Nations, Department of Economic and Social Affairs：*International Migration Report 2017：Highlights Key Facts.*
② 北方是指较发达的地区：欧洲和北美，加上澳大利亚、新西兰和日本。
③ "南"是指欠发达地区：非洲、亚洲（不包括日本）、拉丁美洲和加勒比地区以及大洋洲（不包括澳大利亚和新西兰）。
④ United Nations, Department of Economic and Social Affairs, Population Division（2019）：*Population Facts*, p.1.
⑤ United Nations, Department of Economic and Social Affairs, Population Division（2019）：*Population Facts*, p.1.
⑥ United Nations, Department of Economic and Social Affairs, Population Division（2019）：*Population Facts*, p.1.
⑦ United Nations, Department of Economic and Social Affairs, Population Division（2019）：*Population Facts*, p.1.

总数不足9%。北美洲占3.8%（110万人），东亚和东南亚占2.2%（60万人），拉丁美洲和加勒比占2.1%（60万人），大洋洲占0.4%（10万人）。①

只有一半以上的国际移民居住在欧洲和北美。2019年，欧洲接待的国际移民人数最多（8230万人），其次是北美（5860万人）、北非和西亚（4860万人）（见图3—17）。②

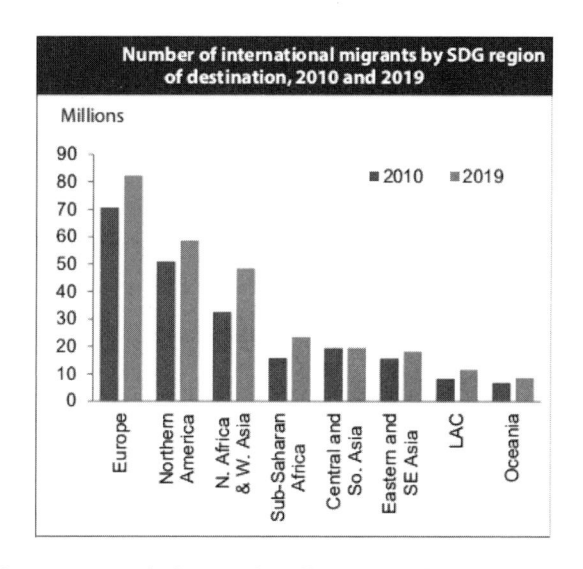

图3—17　2010年和2019年可持续发展区域国际移民目的地

资料来源：Note：N. Africa and W. Asia = Northern Africa and Western Asia；Central and So. Asia = Central and Southern Asia；Eastern and SE Asia = Eastern and South-Eastern Asia；LAC = Latin America and the Caribbean.

2010—2019年间，北非和西亚以及撒哈拉以南非洲的国际移民人数增长最快，均以年均4.4%的速度增长。拉丁美洲和加勒比紧随其后，年增长率为3.8%，大洋洲为2.5%。同一时期，欧洲、东亚和南

---

① United Nations, Department of Economic and Social Affairs, Population Division（2019）：*Population Facts*, p. 1.

② United Nations, Department of Economic and Social Affairs, Population Division（2019）：*Population Facts*, p. 1.

亚国际移民的数量增长较为缓慢，每年增长 1.7%，北美洲每年增长 1.6%，而中亚和南亚基本保持不变。①

在欧洲出生的国际移民中，有超过 2/3 居住在欧洲。2019 年，6100 万在欧洲出生的国际移民中有 4200 万居住在欧洲国家（69%）。大多数来自撒哈拉以南非洲的移民生活在撒哈拉以南非洲其他国家（65%），北非和西亚（51%）以及大洋洲（50%）的移民人数略低。相比之下，东亚和东南亚（39%）、北美（30%）、中亚和南亚（23%）以及拉丁美洲和加勒比（20%）的大多数外来移民（out-migrants）居住在该区域以外。②

2019 年，撒哈拉以南非洲（89%）以及东亚和东南亚（83%）每 10 名国际移民中就有 8 名以上出生在其居住地区。拉丁美洲和加勒比（73%）、中亚和南亚（63%）以及欧洲（52%）的大多数国际移民也来自同一区域。相比之下，居住在大洋洲（88%）和北美洲（98%）的国际移民中有很大一部分是在另一个地区出生的。③

2. 南北部移民状况

自 2005 年以来，南南移民（South-South migration）的增长速度超过南北移民。南部人口约占世界总人口的 84%，约占所有国际移民的 74%。虽然自 1990 年以来，南北移民（起源于南方，生活在北方）的数量每五年增加约 900 万人，但从 1990—2005 年，南南移民的数量几乎保持不变，约为 6000 万人，然后在 2019 年迅速增加到 1.05 亿人以上（见图 3—18）。④

大约 2/5 的国际移民已经从一个发展中国家转移到另一个发展中国家。2019 年，39% 的国际移民出生在欠发达地区的一个国家，居住在

---

① United Nations, Department of Economic and Social Affairs, Population Division (2019): *Population Facts*, p. 2.
② United Nations, Department of Economic and Social Affairs, Population Division (2019): *Population Facts*, p. 3.
③ United Nations, Department of Economic and Social Affairs, Population Division (2019): *Population Facts*, p. 3.
④ United Nations, Department of Economic and Social Affairs, Population Division (2019): *Population Facts*, p. 3.

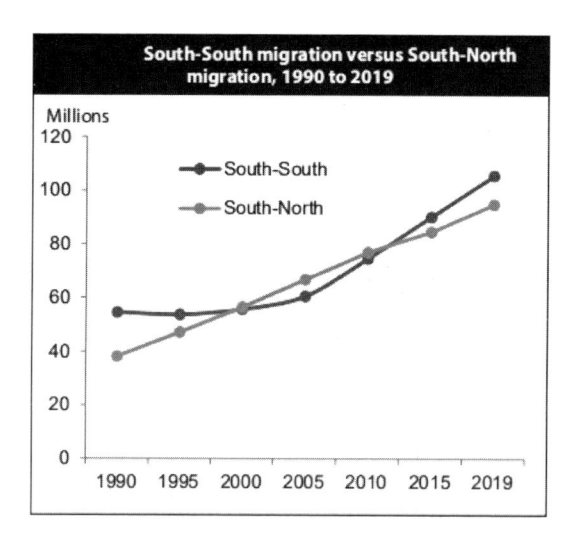

图3—18　1990—2019年南南移民和南北移民数量对比

资料来源：联合国官网。

另一个发展中国家（南南移民），35%出生在南部，但居住在北部（南北移民）。大约1/5的国际移民出生在北部，居住在北部（北北移民），而5%的人出生在北部，居住在南部（北南移民）。[1]

在北方，女性移民人数超过男性移民，而在南方，男性移民人数超过女性移民。2019年，所有国际移民中有47.9%是妇女，但这一比例从较不发达地区的43.4%到较发达地区的51.5%不等。尽管北美（51.8%）、欧洲（51.4%）和大洋洲（50.4%）的女性移民人数超过男性移民，但拉丁美洲和加勒比（49.9%）、中亚和南亚（49.4%）、东亚和东南亚（49.3%）的女性移民人数较少，撒哈拉以南非洲为（47.5%）以及北非和西亚（35.5%）。[2]

2000—2019年间，撒哈拉以南非洲、中亚和南亚、大洋洲和北美的女性移民比例有所上升，而北非和西亚、东亚和东南亚、拉丁美洲和

---

[1] United Nations, Department of Economic and Social Affairs, Population Division (2019): *Population Facts*, p. 3.
[2] United Nations, Department of Economic and Social Affairs, Population Division (2019): *Population Facts*, pp. 3–4.

加勒比以及欧洲的女性移民比例有所下降（见图3—19）。这些地区差异是多种因素综合作用的结果，如劳动力迁移水平（levels of labour migration）不同、移民人口老龄化（population ageing of migrants）和强迫移民（forced migration）。①

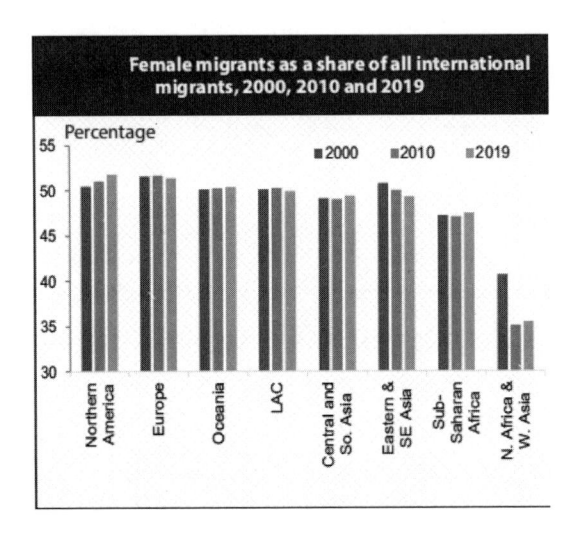

图3—19　2000年、2010年及2019年女性移民比例

资料来源：Note：LAC = Latin America and the Caribbean；Central and So. Asia = Central and Southern Asia；Eastern and SE Asia = Eastern and SouthEastern Asia；N. Africa and W. Asia = Northern Africa and Western Asia.

3. 移民主体趋势

在全球范围内，20—64岁的移民比例从1990年的69%增加到2010年的74%，此后一直保持在这一水平（见图3—20）。对女性而言，这一比例从1990年的68%上升至2019年的72%，但对男性而言，这一比例从71%上升至76%。②

自1990年以来，65岁或65岁以上的老年移民的百分比一直稳定在

---

① United Nations, Department of Economic and Social Affairs, Population Division (2019): *Population Facts*, p. 4.
② United Nations, Department of Economic and Social Affairs, Population Division (2019): *Population Facts*, p. 4.

10%左右，老年男子占14%，老年妇女占14%，男女合计占12%。20岁以下的年轻移民比例从1990年的19%下降到2019年的14%。[1]

Name	Cases - cumulative total	Cases - newly reported in last 24 hours	Deaths - cumulative total	Deaths - newly reported in last 24 hours	Transmission Classification
Global	19,462,112	273,552	722,285	6,207	
United States o...	4,897,958	61,028	159,930	1,324	Community transmission
Brazil	2,962,442	50,230	99,572	1,079	Community transmission
India	2,153,010	64,399	43,379	861	Clusters of cases
Russian Feder...	887,536	5,189	14,931	77	Clusters of cases
South Africa	553,188	7,712	10,210	301	Community transmission
Mexico	469,407	6,717	51,311	794	Community transmission
Peru	463,875	8,466	20,649	225	Community transmission

图3—20　截至2020年8月7日各国疫情相关数据

数据来源：世界卫生组织官网。[2]

在北方，年长的移民数量超过年轻的移民，而在南方，年轻的移民数量超过年长的移民。2019年，南部所有国际移民中有20%的年龄在20岁以下，而65岁或65岁以上的移民不到8%。相比之下，在北方，65岁或65岁以上的流动人口所占比例（15%）远高于20岁以下的流动人口所占比例（9%）。[3]

4. 十大目的国与原籍国（the top 10 countries of destination and origin）

2019年，从地区来看，欧洲接待的国际移民数量最多（8200万），其次是北美（5900万），北非和西亚（4900万）。[4] 前十大目的地国收容了大约一半的国际移民。美国是主要目的地国，2019年接待5070万

---

[1] United Nations, Department of Economic and Social Affairs, Population Division（2019）：*Population Facts*, p.4.
[2] 世界卫生组织官网：https://covid19.who.int/table, 登录时间：2020年8月7日。
[3] United Nations, Department of Economic and Social Affairs, Population Division（2019）：*Population Facts*, p.4.
[4] United Nations, Department of Global Communications, *2019 Revision of the International Migrant Stock*.

国际移民，占世界移民总数的19%。德国和沙特阿拉伯是第二大和第三大移民国（分别为1310万人），其次是俄罗斯联邦（1160万人）、英国（960万人）、阿拉伯联合酋长国（860万人）、法国（830万人）、加拿大（800万人）、澳大利亚（750万人）和意大利（630万人）。[①]

前十大原籍国占所有国际移民的1/3。2019年，印度有1750万人居住在国外，是国际移民的主要来源国。来自墨西哥的移民是第二大"侨民"（1180万人），其次是中国（1070万人）、俄罗斯联邦（1050万人）、叙利亚（820万人）、孟加拉国（780万人）、巴基斯坦（630万人）、乌克兰（590万人）、菲律宾（540万人）和阿富汗（510万人）。[②]

各地理区域的国际移民在总人口中所占比例差别很大，大洋洲（包括澳大利亚和新西兰）（21.2%）和北美洲（16.0%）的比例最高，拉丁美洲和加勒比（1.8%）的比例最低，中亚和南亚（1.0%）以及东亚和东南亚（0.8%）。[③]

大多数国际移民在同一区域内的国家之间流动。撒哈拉以南非洲（89%）、东亚和东南亚（83%）、拉丁美洲和加勒比（73%）以及中亚和南亚（63%）的大多数国际移民来自他们居住的区域。相比之下，居住在北美（98%）、大洋洲（88%）以及北非和西亚（59%）的国际移民大多出生在居住地区以外。[④]

（二）2018年《移民问题全球契约》政府间会议

2016年9月，联合国大会通过了《纽约难民和移民宣言》（the New York Declaration for Refugees and Migrants），决定制定一项全球契约，促

---

① United Nations, Department of Economic and Social Affairs, Population Division (2019): *Population Facts*, p. 3.
② United Nations, Department of Economic and Social Affairs, Population Division (2019): *Population Facts*, p. 3.
③ United Nations, Department of Global Communications, *2019 Revision of the International Migrant Stock*.
④ United Nations, Department of Global Communications, *2019 Revision of the International Migrant Stock*.

进安全、有序和正常的移民。此契约的制定过程始于2017年4月。

2018年7月13日，联合国会员国最终确定了《安全、有序和正常移民全球契约》(the Global Compact for Safe, Orderly and Regular Migration)的内容。[1] 2018年12月10—11日，在摩洛哥马拉喀什举行《移民问题全球契约》政府间会议，会议通过了《安全、有序和正常移民全球契约》。[2]

此次政府间会议由大会主持召开，以2016年9月19日71/1号决议（《关于难民和移民的纽约宣言》）为依据。该决议决定启动一个政府间谈判进程以通过《移民问题全球契约》。分别于2017年4月6日和12月24日通过的第71/280号决议和第72/244号决议，以及2018年7月31日通过的第72/L.67号决议进一步阐明了会议。[3]

《移民问题全球契约》是联合国有史以来首个关于国际移民各方面事务共同方针的全球协议。全球契约不具有法律约束力。它以国家主权（state sovereignty）、责任分担（responsibility-sharing）、非歧视（non-discrimination）和人权（human rights）等价值观为基础，认识到需要采取合作的方式优化移民的整体利益（optimize the overall benefits of migration），同时消除其给出生国、过境国与目的国个人和社区带来的风险和挑战。[4]

全球契约包括23个目标，以便更好地管理地方、国家、区域和全球的移民。全球契约[5]的内容如下：

• 旨在减轻阻碍人们在其原籍国建立和维持可续持生计的不利驱动因素和结构因素（adverse drivers and structural factors）；

---

[1] United Nations, Department of Global Communications, *2019 Revision of the International Migrant Stock*.

[2] 移民问题全球契约政府间会议官网：https://www.un.org/zh/conf/migration/index.shtml，登录时间：2020年5月27日。

[3] 移民问题全球契约政府间会议官网：https://www.un.org/zh/conf/migration/index.shtml，登录时间：2020年5月27日。

[4] 难民和移民官网：https://refugeesmigrants.un.org/zh/migration-compact，登录时间：2020年5月27日。

[5] Website of Refugees and Migrants：https://refugeesmigrants.un.org/migration-compact，登录时间：2020年5月27日。

●意图通过尊重、保护和实现人权并为他们提供关怀和协助，减少移民在各移民阶段面临的风险和漏洞；

●力求解决国家和社区的合理关切，同时认识到各国正经历不同程度的人口、经济、社会和环境变革，这些变革可能由移民引发或对移民产生影响；

●努力创造有利条件，使所有移民能够通过其人力、经济和社会能力为我们的社会创造价值，从而促进他们对地方、国家、区域和全球可持续发展的贡献。

（三）移民与可持续发展目标

人们普遍认识到，移民对原籍国和目的地国的包容性增长和可持续发展做出积极贡献。人口司与联合国移徙问题网络的其他成员合作，支持执行《安全、有序和定期移徙全球契约》。该司还估计了全球、区域和国家各级的国际移民数量，即"移民存量"（migrant stock）。国际移民存量数据集会定期更新。①

移民和流动与发展进程，包括人口过渡（demographic transition）密切相关。随着人均国民收入的提高以及各国融入全球疾病控制和公共卫生体系（global systems of disease control and public health），加之死亡率下降，人口规模往往会增大。人口增长，加上与农业现代化（modernization of agriculture）有关的农村劳动力的失调，推动了广泛的城市化和移民。随着经济的持续发展，生育水平下降，人口增长放缓并最终趋于稳定，城市化的步伐也在减弱，移民到另一个国家往往比从某个国家移民出来更不常见。因此，随着国家更加发达，移民倾向往往是先升后降，反映了发展对移民模式和趋势的影响。②

移民对发展的影响主要体现在以下多个层面。2017 年，官方记录

---

① 联合国官网：https://www.un.org/development/desa/pd/zh/node/919，登录时间：2020 年 5 月 27 日。

② *Report of the Secretary-General on the International Migration and Development*, pp. 6 - 7, A/73/286.

的对中低收入国家的汇款达到 4660 亿美元。汇款帮助数百万人脱贫，有助于改善原籍国家庭和社区的粮食安全、教育、卫生、福利和住房状况。然而，移民对可持续发展的贡献远远超出个人资金转移（personal financial transfers），包括通过正规和非正规教育转移技能和知识，促进贸易和投资，通常涉及组织良好、团结一致的散居人口（diaspora populations）。此外，在目的地国，移民往往填补了劳动力市场的空白，并补偿了人口变动或其他因素造成的劳动力短缺。移民往往从事当地工人不愿从事的工作，从而补充了当地劳动力。作为企业家，移民经常创造就业机会，为财政基础做出贡献。当然，移民也会带来挑战。例如，在小型发展中国家，移民可能导致包括卫生工作者在内的技术工人短缺。在目的地国家，大量的移民流入会使当地工人流离失所，并造成其他挑战，特别是在短期内。[1]

《2030 年可持续发展议程》（The 2030 Agenda for Sustainable Development）首次确认了移民对可持续发展的贡献。移民是一个贯穿各领域的问题，与所有可持续发展目标相关。17 个目标中有 10 个包含与移民或流动有关的目标和指标。该议程的核心原则是"不让任何人掉队"（leave no one behind），包括移民，要求按移民身份分列数据（data disaggregation by migratory status），开放大量移民数据需求，同时提供改善移民数据的机会。[2]

该议程将移民作为核心发展考虑因素，这标志着移民首次被明确纳入全球发展议程。该议程与所有流动人口都相关，无论其是国内人口还是跨境人口，无论其是否流离失所："所有国家和人民以及社会各阶层的目标和指标都将实现。"该议程承认移民妇女、男子和儿童是一个易受保护的弱势群体（vulnerable group），也是发展的动力。此外，还应考虑所有类型的移民，包括流离失所者。具体目标 10.7 在"减少国家内部和国家之间的不平等"（Reduce inequality in and among countries）的

---

[1] *Report of the Secretary-General on the International Migration and Development*, p. 7, A/73/286.
[2] International Organization for Migration, Migration Data Portal, https://migrationdataportal.org/sdgs? node =0, 登录时间：2020 年 5 月 28 日。

目标下集中提到移民问题，呼吁"促进有秩序、安全、定期和负责任的移民和人员流动，包括通过执行有计划和管理良好的移民政策"。(facilitate orderly, safe, regular and responsible migration and mobility of people, including through the implementation of planned and well-managed migration policies.) 许多其他目标也直接提到移民问题，对其他人来说，移民是一个应该考虑的交叉问题（cross-cutting issue）。可持续发展目标的实施为保护和增强流动人口的能力提供了一个机会，以挖掘其发展潜力，造福于世界各地的个人、社区和国家。[1]

1. 学生流动（Student Mobility）

具体目标4.B：到2020年，在全球大幅度增加向发展中国家，特别是最不发达国家、小岛屿发展中国家和非洲国家提供的高等教育入学奖学金，包括职业培训（vocational training）和信息和通信技术（information and communications technology）、技术学，以及发达国家和其他发展中国家的工程和科学方案（engineering and scientific programmes）。[2]

具体目标4.B要求扩大提供的跨境奖学金（cross-border scholarships）数目。促进学生流动为增加教育移民人数提供了机会，从而增加了最不发达国家和其他服务不足地区人民的高等教育机会。如果有管理良好的移民政策来鼓励移民的知识和技能转移，达到指标4.B，也有助于增加移民的知识和技能转移（knowledge and skills transfer）。[3]

2. 人口贩运和剥削（Human Trafficking and Exploitation）

具体目标5.2：消除在公共和私人领域对所有妇女和女孩的一切形式的暴力，包括贩运、性剥削和其他类型的剥削。[4]

具体目标8.7：立即采取有效措施，消除强迫劳动，结束现代奴役（modern slavery）和人口贩运，确保禁止和消除最恶劣形式的童工劳动（child labour），包括招募和使用儿童兵，到2025年结束一切形式的童

---

[1] *Migration and the 2030 Agenda: A Guide for Practitioners*, p.13.
[2] *Migration and the 2030 Agenda: A Guide for Practitioners*, p.23.
[3] *Migration and the 2030 Agenda: A Guide for Practitioners*, p.23.
[4] *Migration and the 2030 Agenda: A Guide for Practitioners*, p.23.

工劳动。①

具体目标16.2：结束对儿童的虐待（abuse）、剥削（exploitation）、贩运（trafficking）和一切形式的暴力和酷刑。② 打击一切形式的贩运和剥削（Combating all types of trafficking and exploitation）。

具体目标8.7可帮助各国努力加强对被驱逐和贩卖的个人的保护，防止贩卖和剥削，以及对这些罪行进行起诉和补救。实现这一目标可能需要各国在地方、国家、区域和国际各级制定政策和建立伙伴关系，强化法律框架和政策制定，促进反贩运方面的对话与合作，建立受害者身份查验和援助机制，促进人口贩运数据的收集和分析。③

（1）处理贩卖和剥削妇女和儿童问题（Addressing Trafficking and Exploitation of Women and Children）

可持续发展目标通过具体目标5.2和16.2处理贩卖妇女和儿童问题，鼓励行为者在处理贩卖人口问题时使用对性别和年龄敏感的视角。这将使行为者能够集中注意某些类型的贩运，而妇女、女孩和男孩可能特别容易受害，例如为性剥削、强迫婚姻或强迫乞讨而贩运儿童。④

（2）与其他目标的相关性（Relevance to Other Goals）

可持续发展目标将重点放在体面工作和安全工作条件上，也有助于解决为强迫劳动而贩卖人口的问题。要消除为强迫劳动和其他形式的剥削和虐待而贩运人口的现象，就需要增加体面工作的机会，促进安全移民，提高劳工标准［例如，通过实施国际公认的标准，如《国际招聘诚信体系行为准则》（the International Recruitment Integrity System Code of Conduct）］；《2030年议程》通过目标8、目标10.7和其他目标采取的所有行动。⑤

结束人口贩运需要多部门的共同努力。在消除贫穷（eradicating poverty）（目标1）、改善两性平等和赋予妇女权力（improving gender equality and women's empowerment）（目标5）、促进充分和生产性就业和

---

① *Migration and the 2030 Agenda: A Guide for Practitioners*, p. 23.
② *Migration and the 2030 Agenda: A Guide for Practitioners*, p. 23.
③ *Migration and the 2030 Agenda: A Guide for Practitioners*, p. 24.
④ *Migration and the 2030 Agenda: A Guide for Practitioners*, p. 24.
⑤ *Migration and the 2030 Agenda: A Guide for Practitioners*, p. 24.

体面工作（promoting full and productive employment and decent work）（目标 8）、为所有人伸张正义（providing access to justice for all）（目标 16）以及通过目标 10.7 促进安全和定期移民（facilitating safe and regular migration）方面取得的进展，将有助于解决一切形式的人口贩运问题。①

3. 劳动力迁移与就业（Labour Migration and Employment）

具体目标 8.5：到 2030 年，实现所有男女，包括青年和残疾人的充分生产性就业和体面工作（full and productive employment and decent work），实现同工同酬（equal pay for work of equal value）。②

具体目标 8.7：立即采取有效措施，消除强迫劳动，结束现代奴役和人口贩运，确保禁止和消除最恶劣形式的童工劳动，包括招募和使用儿童兵，到 2025 年结束一切形式的童工劳动。③

具体目标 8.8：保护劳工权利，为所有工人，包括移民工人，特别是女移民和就业不稳定的工人，创造安全和有保障的工作环境。④

（1）促进体面工作

如目标 8 所示，促进体面工作（目标 8.5）是 2030 年议程的一个组成部分，这与劳动力迁移有许多直接联系（国际劳工组织，2014 年）。一些可持续发展目标直接突出了劳动力流动的持续性、新兴性和全局性问题，许多其他目标解决了影响劳动力迁移动态的因素。⑤

（2）打击贩卖强迫劳动

（3）打击童工和最恶劣形式的童工

具体目标 8.7 涉及强迫劳动、贩卖强迫劳动、童工和所有其他类型的劳动剥削。

具体目标 8.8 力求维护各类移徙工人的权利。采取以权利为基础的办法，来促进国际权利框架的建立，包括劳工标准，将有助于改善许多面临脆弱性的移民工人的处境，帮助解决共同的挑战，包括与工作条件、工资、社会保护、职业安全有关的问题，以保证移民获得保健（包

---

① *Migration and the 2030 Agenda: A Guide for Practitioners*, p. 24.
② *Migration and the 2030 Agenda: A Guide for Practitioners*, p. 25.
③ *Migration and the 2030 Agenda: A Guide for Practitioners*, p. 25.
④ *Migration and the 2030 Agenda: A Guide for Practitioners*, p. 25.
⑤ *Migration and the 2030 Agenda: A Guide for Practitioners*, p. 25.

括获得性健康和生殖健康）的机会。加强合乎道德的招聘并帮助消除招聘费用，实现这一目标也将有助于解决人口贩运、债役和强迫劳动问题。①

（4）与其他目标的相关性

可持续发展目标认识到，越来越多的移徙工人是女性（"移徙女性化"，feminization of migration），强调必须保护移徙家庭佣工（migrant domestic workers）（具体目标5.4）。主要在非正规和不受管制的部门工作的移徙女工通常易受到劳工剥削和虐待。例如，将签证和移民身份与单一雇主捆绑在一起等常见做法会增加女工遭受虐待、剥削、性暴力和基于性别的暴力的风险。②

可持续发展目标认识到劳动力迁移问题的多样性，鼓励采取多方利益攸关者办法，并呼吁在具体目标10.7下改善移民治理，因此也间接呼吁改善劳动力迁移治理。这就需要建立有效的、基于人权和对性别问题有敏感认识的劳动力迁移制度，其中包括保护所有移民工人权利的机构、行动者和程序，同时考虑到就业、劳动力市场、技能和需求方面的因素。改善治理还可能需要加强国际合作，包括区域倡议和国家间的伙伴关系、双边劳工协定（bilateral labour agreements），以及在道德招聘（ethical recruitment）、劳工权利（labour rights）、技能承认（skills recognition）和/或社会福利可携带性（portability of social benefits）方面的合作。③

可持续发展目标还通过各种其他目标解决了国际劳动力流动的一些潜在驱动因素。例如，通过认识到移民与教育之间的联系（4.B 和 4.4），认识到技能、劳动力市场和移民之间的联系；通过将劳动力流动目标与体面工作和不平等目标（目标8 和10）以及性别目标（目标5）联系起来，认识到就业之间的动态相互作用（dynamic interplay）以及不平等、性别和移民。这样，可持续发展目标认识到，其他领域的进展

---

① *Migration and the 2030 Agenda: A Guide for Practitioners*, p. 25.
② *Migration and the 2030 Agenda: A Guide for Practitioners*, p. 26.
③ *Migration and the 2030 Agenda: A Guide for Practitioners*, p. 26.

将影响劳动力迁移动态。①

4. 迁移治理（Migration Governance）

具体目标10.7②：促进有秩序、安全、定期和负责任的人口迁移和流动，包括通过执行有计划和管理良好的移民政策。③

（1）促进有序、安全、定期和负责任的移民和流动

具体目标10.7，在目标10减少国家内部和国家之间的不平等情况下，承认有效的移民治理是更安全、更有秩序和更经常的移民的关键。它还认识到需要建立全球、区域和国家移民制度和综合政策框架，以便为所有人的利益管理移民。这包括促进尊重所有移民权利的定期移民，并利用移民对移民本身以及所有社区和国家产生积极影响。④

（2）实施有计划和管理良好的迁移策略

在实践中，全面有效的移民管理涉及广泛的行动领域。这包括但不限于移民主流化和能力建设，保护移民权利和促进所有移民的福祉，改善移民融入收容社区，促进受管制的劳动力流动，改善移民健康，减轻和解决移民的脆弱性，为难民和国内流离失所者（refugees and internally displaced persons）制定专门方案，促进家庭团聚，解决非正常移民问题，提供正规化途径，满足收容社区的需要，打击移民走私和贩运，促进移民重新安置，协助移民自愿返回和重新融入社会，并为流离失所者

---

① *Migration and the 2030 Agenda: A Guide for Practitioners*, p. 26.

② 有序移民（Orderly Migration）：国际移民组织（IOM）对有序移民的定义："根据原籍国出境和旅行的法律和条例，将一个人从其通常居住地转移到新居住地，这突出表明一国有权规范入境，以此作为确保移民得到适当待遇、给予权利、执法和管理与收容社区关系的基础。"

经常性移民（Regular Migration）：移民组织将经常性移民定义为"通过公认的、经授权的渠道进行的移民"。移民的经常性不仅仅指跨越一个国家边界的方法，因为移民可以通过经常性渠道进入一个国家，而且在一段时间后发现自己处于不正常的状况。

安全迁移（Safe Migration）：安全迁移的概念没有通用的定义。移民在通过正规渠道迁移期间或之后可能处于不安全的状况；相反，移民可能处于既安全又不正常的状况。在移民过程的各个阶段，移民的情况都可能从安全变为不安全，因此定义应包括移民过程的所有阶段，包括原籍国（country of origin）、过境国（the country of transit）、第一庇护国（country of first asylum）和目的地国（country of destination）。此外，对于国内移民，以及那些没有完成预定行程的留守者，也应考虑安全移民。安全移民不是一个静态的概念，它主要涉及移民的福祉和减少风险，还应考虑不同类别移民的需要，以及可能使任何移民易受伤害的因素。

③ *Migration and the 2030 Agenda: A Guide for Practitioners*, p. 27.

④ *Migration and the 2030 Agenda: A Guide for Practitioners*, p. 27.

制定持久解决办法。①

（3）与其他目标的相关性

有效的移民治理也通过其他目标和指标间接促进。例如，具体目标8.7和8.8分别要求改善人口贩运和劳动力迁移领域的治理，具体目标16要求促进法治、人人平等诉诸司法和监测拘留的做法，以及具体目标17.14要求各国加强国际移民组织政策的一致性。这些目标和其他目标有利于移民的人权保障，并可促进跨部门更有效、更敏感和更能促进性别平等的移民治理。在其他可持续发展目标方面实现进展，对解决造成被迫流离失所的许多驱动性因素起着关键作用。因此，除了努力建立持久解决办法外，在贫穷（目标1）、粮食不安全（目标2）、治理不力（目标16）、气候变化（目标13）等方面取得进展，将有助于防止今后发生危机和灾难，从而减少由此造成的流离失所现象，这是可持续发展的一个关键障碍。②

5. 汇款（Remittances）

具体目标10.C：到2030年，将移民汇款的交易费用（transaction costs of migrant remittances）减少到3%以下，取消费用高于5%的汇款通道（remittance corridors）。③

（1）降低汇款交易成本

全球汇款流量巨大——据认为2017年流入发展中国家的汇款约为4500亿美元——使传统的发展筹资类型相形见绌，而且可能更加稳定。汇款是移民进行的多方向、自愿和私人货币转移，可以给汇款人和收款人带来许多经济和社会机会及挑战。④

汇款交易成本可能很高，这会加重移民的负担，并可能阻碍通过正规渠道汇款。这尤其会影响到移民妇女，因为她们寄的钱通常比迁徙中男性要少，尽管她们更频繁地寄钱。具体目标10.C旨在通过限制交易费用来降低这些成本。这通常涉及通过成本比较工具和使提供者的供应

---

① *Migration and the 2030 Agenda: A Guide for Practitioners*, p. 27.
② *Migration and the 2030 Agenda: A Guide for Practitioners*, p. 28.
③ *Migration and the 2030 Agenda: A Guide for Practitioners*, p. 29.
④ *Migration and the 2030 Agenda: A Guide for Practitioners*, p. 29.

多样化来增加转让市场的竞争和透明度（competition and transparency in the transfer market），从而帮助移民做出知情的决定。①

（2）与其他目标的相关性

达到目标 10. C 可能对汇款接受者产生潜在的积极影响。汇款有助于增加家庭收入，因此便利且更便宜的汇款有助于实现目标 1 下的消除贫穷目标。汇款还可以增加家庭储蓄（household incomes）和投资，这将有助于实现指标 1.5 和其他指标。汇款可以增加家庭在保健和教育方面的支出，并与家庭成员在这些领域的积极成果相联系，从而有助于实现目标 3 和 4。实现具体目标 10. C 还可以鼓励汇款，通过鼓励汇款投资于某些活动的倡议，例如专门发展倡议，帮助地方、区域或国家一级的发展。然而，不应忘记汇款是私人货币转账（private monetary transfers），汇款人和收款人可以自由决定汇款用途。②

应在实现这些机会的同时，采取基于权利和对性别问题有敏感认识的办法，以改善移民男女及其家庭赚取、发送和使用汇款的条件。这意味着减轻和解决剥削和虐待（包括人口贩运）的风险，促进合乎道德的招聘做法，改善离职前的定向，以提高所有移徙工人的福祉。③

任何与汇款有关的发展倡议也应认识到增加对所有移民的金融包容的重要性；这意味着加强金融知识，改善所有汇款发送者和接受者获得规范、可靠和高效金融服务的机会。④

6. 迁移数据（Migration Data）

具体目标 17.18：到 2020 年，加强对发展中国家的能力建设支助（capacity-building support），包括对最不发达国家（least developed countries）和小岛屿发展中国家（small island developing States）的能力建设支助，以便大幅度增加按收入、性别、年龄、种族、族裔、移民地位、残疾分列的高质量、及时和可靠数据的提供，包括地理位置和其他与国家背景相关的特征。⑤

---

① *Migration and the 2030 Agenda: A Guide for Practitioners*, p. 29.
② *Migration and the 2030 Agenda: A Guide for Practitioners*, p. 30.
③ *Migration and the 2030 Agenda: A Guide for Practitioners*, p. 30.
④ *Migration and the 2030 Agenda: A Guide for Practitioners*, p. 30.
⑤ *Migration and the 2030 Agenda: A Guide for Practitioners*, p. 30.

(1) 跨迁移主题改进数据（Improving Data across Migration Topics）

移民数据的数量、准确性、及时性、可比性（随时间和国家间）和可获得性方面存在着重大差距。目前，移民数据较差或难以获取和理解，使得世界各地的决策者难以制定敏感和智能的移民政策。低质量、分散或传播不良的信息也可能扭曲关于移民问题的公众辩论。①

例如，缺乏关于移民对各接受国经济增长贡献的系统数据。定期收集和分享这方面的数据有助于改善政治条件，为敏感的移民政策和辩论提供信息。在某些移民问题上严重缺乏高质量的定期数据，因此这些领域很难制定循证政策（evidence-based policy）。例如，无证和非正常移民（undocumented and irregular migrants）的可靠数据尤其难以获得。由于这在许多国家的移民人口中占有相当大的比例，大量移民在统计上看不出来，因此难以管理非正常移民并满足移民的需要。数据差距的例子包括移民政策的影响、往返农村地区的移民、返回移民和其他方面。有必要努力编制按移民状况分类的数据，因为这将有助于提供关于移民生活水平等专题的信息，包括获得保健、教育和社会保护的机会，并有助于按年龄、性别和其他变量分类移民数据。②

可持续发展目标带来了对更大数量和质量的迁移数据的迫切需求。在移民问题领域，如移民治理、劳动力迁移、人口贩运等更是如此。衡量与移徙有关的可持续发展目标是一项挑战，因为这些目标的现有全球一级指标（existing global-level indicators）难以实施，而且大多数指标都没有既定的方法。③

(2) 按迁移状态和其他变量增加数据的分解

可持续发展目标执行进程的一个关键重点是促进监测数据更大程度的分类，以便更好地为某些脆弱群体服务。这包括按迁移状态和其他变量分解数据。这是一个机会，可以获得关于移民状况不同层面的更好数据，从而更好地了解他们的生活条件以及移民如何影响健康、收入、教

---

① *Migration and the 2030 Agenda: A Guide for Practitioners*, p. 30.
② *Migration and the 2030 Agenda: A Guide for Practitioners*, p. 31.
③ *Migration and the 2030 Agenda: A Guide for Practitioners*, p. 31.

育和其他领域。①

新冠肺炎疫情加深了现有的不平等现象，对最贫穷和最脆弱的社区的打击最大。它把焦点放在经济不平等和脆弱的社会安全网上，使脆弱的社区在危机中最先受到冲击。与此同时，社会、政治和经济不平等加剧了这一流行病的影响。②

在经济方面，新冠肺炎疫情显著增加了全球失业率（global unemployment），并大幅削减了工人收入。新冠肺炎疫情还危及过去几十年在两性平等和妇女权利方面取得的有限进展。从健康到经济、安全到社会保护，在每个领域，新冠肺炎疫情的影响都在因性别而加剧。③

联合国大学全球研究所发表的最新研究警告说，全球大流行病造成的经济后果可能使全球贫困人口增加多达 5 亿人，占总人口的 8%。这将是自 1990 年至今 30 年来全球贫困首次增加。这项研究表明，实现 2030 年议程，特别是实现无贫穷和零饥饿的可持续发展目标，面临着相当大的威胁。这就需要将发展机构、各国政府、民间社会和私营部门聚集在一起，共同努力保护全球南方最贫穷者的生计和生活。④

发展中国家在疫病大流行期间和之后面临的风险最大，不仅包括健康危机，而且包括未来数月和数年中毁灭性的社会和经济危机。据开发计划署估计，发展中国家的收入损失将超过 2200 亿美元，估计全球 55% 的人口得不到社会保护。这些损失将在各个社会产生影响，不但会影响教育、人权，在最严重的情况下，还会影响基本的粮食安全和营养。⑤

为了支持最贫穷和最易受伤害的人，联合国发布了一个立即对新冠

---

① *Migration and the 2030 Agenda: A Guide for Practitioners*, p. 31.
② United Nations, Sustainable Development Goals, https://www.un.org/sustainabledevelopment/inequality/，登录时间：2020 年 5 月 27 日。
③ United Nations, Sustainable Development Goals, https://www.un.org/sustainabledevelopment/inequality/，登录时间：2020 年 5 月 27 日。
④ United Nations University, Press Release: COVID-19 fallout could push half a billion people into poverty in developing countries. https://www.wider.unu.edu/news/press-release-covid-19-fallout-could-push-half-billion-people-poverty-developing-countries，登录时间：2020 年 5 月 27 日。
⑤ United Nations, Sustainable Development Goals, https://www.un.org/sustainabledevelopment/poverty/，登录时间：2020 年 5 月 27 日。

肺炎做出社会经济反应的框架，特别呼吁扩大国际支持和政治承诺，以确保世界各地的人民都能获得基本服务和社会保护。①

联合国新冠肺炎应对和恢复基金旨在重点支持低收入和中等收入国家以及承受这一流行病的社会经济影响中的弱势群体。联合国副秘书长阿米娜·穆罕默德召集的女领导人呼吁支持联合国社会和经济复苏路线图（UN road-map for social and economic recovery），并为联合国应对和复苏基金提供全额资金。②

（四）国际移民组织 [International Organization for Migration (IOM)]

1. 基本信息③

国际移民组织即最初的欧洲移民流动临时政府间委员会（the Provisional Intergovernmental Committee for the Movement of Migrants from Europe，PICMME），诞生于1951年，是二战后西欧混乱和人民流离失所的产物。它授权帮助欧洲各国政府，为大约1100万因战争而背井离乡的人确定重新安置的国家，在20世纪50年代为近100万移民提供了安全通道。

从1952年的欧洲移民委员会（Intergovernmental Committee for European Migration，ICEM）到1980年的政府间移民委员会（Intergovernmental Committee for Migration，ICM），再到1989年的国际移民组织，一系列名字变化反映了该组织从物流机构到移民机构的半个多世纪的变迁。

国际移民组织追踪了过去半个世纪的人为和自然灾害——匈牙利（1956年）、捷克斯洛伐克（1968年）、智利（1973年）、越南船民（1975年）、科威特（1990年）、科索沃和东帝汶（1999年）、2004/2005年的东南

---

① United Nations, Sustainable Development Goals, https：//www.un.org/sustainabledevelopment/poverty/，登录时间：2020年5月27日。
② United Nations, Sustainable Development Goals, https：//www.un.org/sustainabledevelopment/poverty/，登录时间：2020年5月27日。
③ Website of the International Organization for Migration：https：//www.iom.int/iom-history，登录时间：2020年5月29日。

亚海啸和巴基斯坦地震——其人道和有序的移民造福移民和社会的信条已经获得国际认可。

作为一个运作中的后勤机构（operational logistics agency），它从根源上扩大了活动范围，成为与各国政府和民间社会合作促进对移民问题的理解、通过移民促进社会和经济发展、维护移民的人的尊严和福祉的主要国际机构。

与更广泛的活动范围相匹配的是，它从一个相对较小的机构迅速扩大到一个年度业务预算估计为15亿美元、在全世界150多个国家有1万多名工作人员的机构。国际移民组织目前有173个成员国，另有8个国家拥有观察员地位（observer status）。

作为"移民局"，国际移民组织已成为21世纪全球关于移民的社会、经济和政治影响的激烈辩论的参照点。

2. 使命①

国际移民组织致力于人道和有序移民有利于移民和社会的原则。作为主要的国际移民组织，国际移民组织与其在国际社会的伙伴共同：

● 协助应对不断增长的移民管理业务挑战。
● 增进对移民问题的理解。
● 通过移民促进社会和经济发展。
● 维护移民的人的尊严和福祉。

3. 战略重点②

● 为需要国际移民援助的人提供安全、可靠、灵活和成本效益高的服务。

● 根据国际法加强对移民的人道和有序管理，切实尊重移民的人权。

● 向各国、政府间组织、非政府组织和其他利益攸关方（States, intergovernmental and non-governmental organizations and other stakeholders）

---

① Website of the International Organization for Migration：https://www.iom.int/iom-history，登录时间：2020年5月29日。

② Website of the International Organization for Migration：https://www.iom.int/iom-history，登录时间：2020年5月29日。

提供专家咨询、研究、技术合作和业务援助,以建设国家能力,促进在移民问题上的国际、区域和双边合作(international, regional and bilateral cooperation)。

- 通过研究、对话、设计和执行与移民有关的方案,为各国的经济和社会发展做出贡献,这些方案的目的是尽量扩大移民的利益。
- 支持各国、移民和社区应对非正常移民的挑战,包括研究和分析根源、分享信息和传播最佳做法,以及促进以发展为重点的解决办法。
- 成为迁移信息、研究、最佳实践、数据收集、兼容性和共享的主要参考点。
- 促进、便利和支持关于移徙问题的区域和全球辩论和对话,包括通过国际移徙问题对话,增进对其所带来的机遇和挑战的了解,确定和制定应对这些挑战的有效政策,并确定促进国际合作的全面办法和措施。
- 协助各国促进移民融入其新环境,并使侨民,包括发展伙伴参与进来。
- 根据这一领域的机构间安排,参与协调一致的人道主义应急行动(humanitarian responses),并酌情在其他紧急情况或危机后,根据个人的需要提供移民服务,从而促进对他们的保护。
- 酌情与其他有关国际组织合作,并考虑到当地社区的需要和关切,执行促进难民、流离失所者、移民和其他需要国际移民服务的个人自愿返回和重新融入社会的方案。
- 协助各国以符合国际法的方式制定和提供打击偷运移民和贩运人口特别是妇女和儿童的方案、研究报告和技术专门知识。
- 支持各国在劳动力迁移,特别是短期流动和其他类型的循环移民(circular migration)方面所做的努力。

4. 组织结构[①]

国际移民组织的结构高度分散,这使得本组织能够应成员国的要求,提供数量不断增加和多样的项目。IOM 的现场结构包括:

- 9 个区域办事处(Regional Offices),负责制定区域战略和行动计

[①] Website of the International Organization for Migration:https://www.iom.int/iom-history,登录时间:2020 年 5 月 29 日。

划，并向其区域内的国家提供方案和行政支助。这些区域办事处设在塞内加尔的达喀尔、肯尼亚的内罗毕、埃及的开罗、南非的比勒陀利亚、哥斯达黎加的圣何塞、阿根廷的布宜诺斯艾利斯、泰国的曼谷、比利时的布鲁塞尔、奥地利的维也纳。

● 2 个特别联络处（Special Liaison Offices），加强与特定多边机构（specific multilateral bodies）、外交使团（diplomatic missions）和非政府组织（non-governmental organizations）的关系。这些办事处设在美国的纽约和埃塞俄比亚的亚的斯亚贝巴。

● 2 个行政中心（Administrative Centers，巴拿马和马尼拉），在信息技术和行政服务领域向国际移民组织办公室网络提供核心支助。

● 5 个具有协调职能的国家办事处（Country Offices with Coordinating Functions），负有额外责任，确保在本区域的方案活动中考虑到一组国家内的移民现实。具有协调职能的国家办事处设在澳大利亚的堪培拉（覆盖太平洋）；意大利的罗马（覆盖地中海）；哈萨克斯坦的阿斯塔纳（覆盖中亚）；圭亚那的乔治敦（覆盖加勒比）。设在曼谷的区域办事处还设有南亚国家组的协调职能。

● 此外，4 个具有资源调动职能的国家办事处（Country Offices with Resources Mobilization Functions）通过协助筹款活动以及就筹款政策（fund-raising policies）、优先事项（priorities）和程序（procedures）提供咨询意见，负有资源调动的额外责任。这些办事处位于日本的东京、德国的柏林、芬兰的赫尔辛基和美国的华盛顿。

● 国家办事处和分办事处（Country Offices and sub-offices），执行各种各样的项目，满足具体的移民需要。

● 设在坦桑尼亚的非洲能力建设中心（非加太能力建设中心）（African Capacity Building Centre，ACBC）在有关移民和边界管理的事项上向全非洲提供技术援助。

● 全球移民数据分析中心（Global Migration Data Analysis Centre，GMDAC）。该中心设在德国的柏林，是为了满足国际移民组织对全球移民趋势综合、高质量数据的日益增长的需求而设立的。

5. 具体部门及职责

国际移民组织致力于促进有利于所有人的人道和有序的移民。它通过向政府和移民提供服务和咨询来做到这一点。

国际移民组织努力帮助确保对移民进行有序和人道的管理，促进在移民问题上的国际合作，协助寻求切实解决移民问题的办法，并向有需要的移民，无论是难民、流离失所者还是其他背井离乡的人，提供人道主义援助。《移民组织宪法》明确承认移民与经济、社会和文化发展之间的联系，以及人的行动自由权。移民组织在移民管理的四个广泛领域开展工作：移民与发展、促进移民、管理移民和解决强迫移民问题。贯穿各领域的活动包括促进国际移民法、政策辩论和指导、保护移民权利、移民健康和移民的性别层面。[1]

国际移民组织与政府、政府间和非政府伙伴密切合作。

（1）业务和紧急情况部（the Department of Operations and Emergencies）[2]

业务和紧急情况部负责指导、监督和协调移民组织的重新安置工作和运输方案，并负责监督移民组织在移民危机和人道主义紧急情况下的行动、后勤、准备和反应以及恢复和过渡环境方面的活动。

该部协调国际移民组织参与人道主义应急行动，并在紧急情况或危机后的情况下提供移民服务，以满足个人和流离失所社区的需要，从而促进对他们的保护。它为实地工作提供技术支持，特别是在应对强迫移徙和大规模人口流动问题上，包括长期的国内和跨界流离失所以及难民情况。这有助于改善受危机影响人口的状况，并通过及早确定和实施全面持久的解决办法来结束流离失所的状况，从而采取拯救生命的干预措施。

该部还就政策和业务问题提出战略建议，并就项目开发和执行以及机构间协调向外地业务提供指导。它还监督与人道主义原则（humanita-

---

[1] Website of the International Organization for Migration：https：//www.iom.int/iom-history，登录时间：2020 年 5 月 29 日。

[2] Website of the International Organization for Migration：https：//www.iom.int/iom-history，登录时间：2020 年 5 月 29 日。

rian principles)、保护主流化（protection mainstreaming）以及防止性虐待和性剥削（prevention of sexual abuse and exploitation）有关的个别专门项目。业务和紧急情况部由四个司和一个股组成：

- 备灾和反应司（Preparedness and Response Division）。
- 过渡和恢复司（Transition and Recovery Division）。
- 土地、财产和赔偿司（Land, Property and Reparations Division）。
- 移民搬迁管理处（Resettlement and Movement Management Division）。
- 统计和知识管理股（Statistics and Knowledge Management Unit）。

备灾和反应司是应急备灾和反应（emergency preparedness and response）的机构协调中心。该司负责收集和分析信息，进行应急规划，并提供国际移民组织的人道主义危机预警服务（IOM's early warning service for humanitarian crises）。它还进行快速需求评估，并协助采取应急行动，包括战略规划、能力建设、工作人员激增支助、应急名册和调动待命伙伴。它提出政策和全球战略，并就国际移民组织在应急准备和反应中的作用提供指导，重点放在国际移民组织应急方案的关键部门（住房、中央控制中心和流离失所跟踪矩阵）和国际移民组织在集群系统内的参与上。该司还制定应对措施的机构标准，监督国际移民组织的紧急启动程序，对自然灾害和冲突情况的应对措施进行业务概述。

过渡和恢复司是在危机环境和脆弱环境下预防和解决问题的机构协调中心。它采用复原、建设和平和稳定的办法来解决移民危机，并协助各国政府、社区和弱势群体应对与移民有关的压力。该司通过研究脆弱性、风险和脆弱性的根本原因，以人道主义对策为基础，处理自然、人为和长期危机中的社会经济、和平、安全和发展挑战。该司制定战略，更好地弥合人道主义援助与发展行动之间的差距，以促进从救济向恢复和发展的可持续过渡。该司还评估和处理移徙的驱动因素和复杂移徙危机的根源；促进人的流动，以此作为减少脆弱性和逐步解决流离失所情况的手段；并投资于冲突分析、稳定和面向发展的解决办法。它还是选举支助、早期恢复、持久解决、防止暴力极端主义、解除武装、复员和重返社会以及减少灾害风险等全球伙伴关系的协调中心。

土地、财产和赔偿司负责在危机和危机后阶段就解决土地争端和与流动有关的土地问题提供政策咨询、技术援助和能力建设以及业务支助；在减少灾害风险的范围内解决土地问题、人道主义援助、人的安全、预防冲突、建立和平和建设和平；向系统和广泛侵犯人权行为的受害者提供赔偿和其他过渡司法措施。

移民安置和迁移管理司指导、监督和协调移民组织的移民安置工作和运输方案。作为重新安置和运输业务的机构协调中心，该司协调移民组织在这些领域的政策、方案和资源管理等方面工作，并向重新安置和迁移方案的管理人员提供指导和支持。它还与航空公司和其他运输供应商协商、监督和维护本组织的全球协议，是管理国际移民组织协助的乘客通过航空、陆路或海上旅行的联络点。

统计和知识管理股负责维持对移民组织行动的质量控制，为数据收集、分析和评价提供支助，并系统地巩固知识，以加强移民组织的人道主义应急和恢复行动。该股编制的统计数字为移徙组织项目的多层次分析、捐助者报告和财务控制提供了数据来源。该股还负责开发工具和产品，以便更好地支持紧急和危机后行动下的行动和方案。

（2）移民管理部（the Development of Migration）[1]

移民管理部负责制定外地政策指导；制定全球战略；制定标准和质量控制；以及与"主流"移民部门有关的知识管理，包括劳工和便利移民、移民和发展、打击贩运、协助自愿返回、移民健康、援助弱势移民、移民和边境管理及移民管理方面的全面能力建设。此外，该部还管理国际移民组织发展基金，并负责审查、核准和管理多区域和全球项目。该部门为该领域的专家提供项目评审和认可的技术监督。它还负责与国际合作和伙伴关系部协调，维持与有关政府、多边和私营部门工业伙伴的业务伙伴关系。移民管理部由五个司和一个股组成：

- 移民卫生处（Migration Health Division）。
- 入境及边境管理处（Immigration and Border Management Division）。
- 移民保护和援助司（Migrant Protection and Assistance Division）。
- 劳工流动和人类发展司（Labour Mobility and Human Development

---

[1] Website of the International Organization for Migration：https：//www.iom.int/iom-history，登录时间：2020年5月29日。

Division)。

● 移民、环境和气候变化司（Migration, Environment and Climate Change Division）。

● 移民组织发展基金股（IOM Development Fund Unit）。

（3）国际合作与伙伴关系部（the Department of International Cooperation and Partnerships）[①]

国际合作与伙伴关系部负责支持和协调本组织与会员国、政府间组织、民间社会和媒体的关系。它还为与政府、多边和私营部门捐助者的关系提供指导和支持。该部领导和协调国际移民组织的论坛活动，包括国际移民组织对全球和区域协商进程的支持以及国际移民组织年度理事机构会议的筹备工作。它还担负本组织的通信和新闻职能。该部的主要职能之一是充当第一个呼叫港和外部合作伙伴进入移民组织的"窗口"，回答询问，安排简报，一般提供有关组织和移民问题及总体趋势的信息。

该部监测国家和国际移民政策的发展，促进对国际移民法的认识和了解。它与其他组织单位协商，确保广泛和一致地发展和传播国际移民组织在关键的国际移民政策问题和趋势方面的机构立场。该部还负责向国际移民组织工作人员通报战略规划和方案制定情况，并协调、促进和传播新的研究，特别是有关新出现问题的研究。这些职能包括协助国际移徙讨论、跟踪国际会议、确定优先事项和确保适当的代表性。国际合作与伙伴关系部由六个司和一个股组成：

● 理事机构司（Governing Bodies Division）。

● 国际伙伴关系司（International Partnerships Division）。

● 媒体和通信司（Media and Communications Division）。

● 捐助者关系司（Donor Relations Division）。

● 移民政策研究处（Migration Policy Research Division）。

● 多边进程司（Multilateral Processes Division）。

● 国际移民法股（International Migration Law Unit）。

[①] Website of the International Organization for Migration：https：//www.iom.int/iom-history，登录时间：2020年5月29日。

第三节 全球公共卫生危机

一、全球卫生危机工作队（Global Health Crises Task Force）

（一）宗旨

秘书长设立全球卫生危机工作队的目的是，支持和监测全球应对卫生危机高级别小组在其关于保护人类免受未来卫生危机的报告（A/70/723）中所提各项建议的执行情况。工作队将确保小组各项建议的执行符合秘书长在其关于"加强全球卫生结构"的报告（A/70/824）中列出的意见。[1]

工作队还将促进就该小组的建议采取行动，加强联合国系统的准备工作，维持全球卫生问题所引起的关注，并为加强全球应对卫生紧急情况的能力做出实质性贡献。[2]

（二）工作方式

工作队将重点放在有效应对卫生危机所需采取的行动，强调那些尚未得到充分实施的建议，找出实施方面的各种瓶颈，并就可帮助各项建议的执行工作取得进展的方式提出建议。工作队还可以支持"桌面"模拟和其他机制，以评估联合国系统应对卫生紧急情况的准备状态。[3]

工作队每季度开会一次，并向秘书长提交关于小组各项建议进展情

---

[1] 联合国官网，健康地球上的和平、尊严和平等，全球卫生危机工作队：https://www.un.org/zh/global-health-crises-task-force/index.html，登录时间：2020年8月7日。
[2] 联合国官网，健康地球上的和平、尊严和平等，全球卫生危机工作队：https://www.un.org/zh/global-health-crises-task-force/index.html，登录时间：2020年8月7日。
[3] 联合国官网，健康地球上的和平、尊严和平等，全球卫生危机工作队：https://www.un.org/zh/global-health-crises-task-force/index.html，登录时间：2020年8月7日。

况的季度报告。工作队还将提请秘书长注意与新出现的卫生危机有关的问题，以及全球卫生结构中的缺陷或弱点。①

（三）优先领域

工作队确定了将在2016—2017年间监测的九个优先领域：②

• Strategic support for national health systems to prevent global health crises • Integrating communities in efforts to prevent global health crises • Supporting regional arrangements to prevent and respond to health crises • Strengthening UN system capacity during health emergencies • Testing capacities and processes for global health crises response through simulations • Catalyzing focused research and innovation relevant to global health crises • Securing sustainable financing for work on global health crises • Focusing attention on the gender dimensions of global health crises • Ensuring health crises are a priority on global political agendas	• 为国家卫生系统提供战略支持以防止全球卫生危机 • 使各社区参与防止全球卫生危机的努力 • 支持预防和应对卫生危机的区域安排 • 加强联合国系统在卫生紧急情况期间的应对能力 • 通过模拟方式测试应对全球卫生危机的能力和过程 • 促进与全球卫生危机有关的重点研究和创新 • 确保应对全球卫生危机的工作能够可持续地获得资金 • 将注意力放在全球卫生危机的性别平等层面 • 确保卫生危机是全球政治议程的优先事项

---

① 联合国官网，健康地球上的和平、尊严和平等，全球卫生危机工作队：https：//www.un.org/zh/global-health-crises-task-force/index.html，登录时间：2020年8月7日。
② 联合国官网，健康地球上的和平、尊严和平等，全球卫生危机工作队：https：//www.un.org/zh/global-health-crises-task-force/index.html，登录时间：2020年8月7日。

二、世界卫生组织（World Health Organization）

（一）2019新型冠状病毒

新冠肺炎是一种新发现的冠状病毒引起的传染病。大多数感染新冠肺炎病毒的人会经历轻度到中度的呼吸道疾病（respiratory illness），无需特殊治疗即可痊愈。老年人以及那些有心血管疾病（cardiovascular disease）、糖尿病（diabetes）、慢性呼吸道疾病（chronic respiratory disease）和癌症（cancer）等潜在疾病的人更容易患上重疾。

预防和减缓传播的最好方法是充分了解新冠肺炎病毒、它引起的疾病以及它的传播渠道。勤洗手或勤用含酒精的擦洗液，不要接触面部，以保护自己和他人免受感染。

当感染者咳嗽或打喷嚏时，新冠肺炎病毒主要通过唾液滴或鼻腔分泌物传播，因此你必须练习呼吸礼仪（respiratory etiquette）。

在全球范围内，截至2020年8月9日下午2时46分，世卫组织报告了1946.2112万例已确诊的新冠肺炎病例，包括72.2285万例死亡。

据美国约翰斯·霍普金斯大学（Johns Hopkins University）实时数据显示，截至北京时间8月9日21时36分（美东时间8月9日9时36分），美国新冠肺炎累计确诊病例已突破500万例，达500.0603万例。与此同时，美国的累计死亡病例达16.2441万例。[1]

（二）世卫组织应对新冠肺炎疫情时间线

世卫组织正与全球各地专家、政府和合作伙伴密切协作，以迅速充实关于这一新型病毒的科学知识，跟踪病毒的传播和毒性，并建议各国和个人如何采取措施保护健康和防止疫情蔓延。[2]

---

[1] 观察者网：https://baijiahao.baidu.com/s?id=1674557720637807354&wfr=spider&for=pc。
[2] 世界卫生组织官网，2019冠状病毒病：https://www.who.int/zh/emergencies/diseases/novel-coronavirus-2019，登录时间：2020年8月9日。

截至 2020 年 12 月 11 日，聚焦于 COVID-19 的里程碑事件如下：①

● 总干事和世卫组织突发卫生事件规划执行主任举行了 120 次媒体通报会。总干事在这些媒体通报会上的讲话、文字记录、视频和录音可在网上查阅。

● 举行了 38 次会员国情况介绍和吹风会。

● 世卫组织建立国际专家网络，涵盖临床管理、实验室和病毒学、感染预防和控制、数学建模、血清流行病学以及诊断、治疗和疫苗的研发等主题，从 1 月初开始频繁举行电话会议。这些网络汇聚了来自世界各地的数千名科学家、医学和公共卫生专业人员。

● 世卫组织开放学习（OpenWHO）平台的课程注册人数已超过 470 万，有 149 门支持应对 COVID-19 的课程，涵盖关于 COVID-19 的 22 个主题并使用 44 种语言。

● 传染性危害战略与技术咨询小组（STAG-IH）举行了 53 次会议。该小组就可能对全球卫生安全构成威胁的传染性危害向世卫组织突发卫生事件规划提供了独立的建议和分析。

2019 年 12 月 31 日，世卫组织驻华代表处从武汉市卫生健康委员会网站获悉关于中华人民共和国武汉出现"病毒性肺炎"病例的情况通报。驻华代表处向世卫组织西太平洋区域办事处《国际卫生条例》联络点提供了武汉市卫生健康委员会关于这些病例的情况通报，并提供了译文。世卫组织的"开源流行病情报"（EIOS）平台还从 ProMED（国际传染病学会的一个项目）获得关于武汉"不明原因肺炎"的同一组聚集性病例的媒体报道。②

2020 年 1 月 1 日，世卫组织在应急反应框架下启动了事件管理支持小组（Incident Management Support Team，IMST）。该框架用于协调世卫组织三个级别（总部、区域、国家）针对突发公共卫生事件的活动和

---

① 世界卫生组织官网：https://www.who.int/zh/news/item/29-06-2020-covidtimeline，登录时间：2021 年 2 月 8 日。
② 世界卫生组织官网：https://www.who.int/zh/news-room/detail/29-06-2020-covid-timeline，登录时间：2020 年 8 月 9 日。

应对工作。①

1月2日，世卫组织驻华代表致函中国国家卫生健康委员会，表示世卫组织愿意提供支持，并再度要求中方提供关于聚集性病例的进一步信息。世卫组织向全球疫情警报和反应网络（Global Outbreak Alert and Response Network，GOARN）各合作伙伴通报了在中华人民共和国出现的肺炎聚集性病例。全球疫情警报和反应网络合作伙伴包括主要的公共卫生机构、实验室、联合国姊妹机构、国际组织和非政府组织。②

1月20—21日，世卫组织首次派团前往武汉，与公共卫生官员会晤，了解新型冠状病毒聚集性病例的应对情况。同时，在22日发表声明称，有证据表明武汉存在人际传播，但需要进行更多的调查以了解传播的全面情况。③

1月27—28日，由总干事率领的世卫组织高级代表团抵达北京会见中国领导人，进一步了解中华人民共和国的应对工作，并表示愿意提供技术援助。1月28日，总干事与习近平主席会面，并讨论了如何就武汉的控制措施以及其他城市和省份的公共卫生措施继续合作，进一步研究病毒的严重性和传播力，继续共享数据，并要求中国与世卫组织分享生物材料。他们商定，应委派由国际著名科学家组成的一个小组赴中国更好地了解具体情况和总体应对措施，并交流信息和经验。④

2月3日，世卫组织最终确定了《战略防范和应对计划》（Strategic Prevention and Response Plan，SPRP），其核心是提高在发现、防范和应对疫情方面的能力。《战略防范和应对计划》将当时对病毒的了解转化为战略行动，以指导国家和区域制定运作计划。其内容围绕如何迅速确

---

① 世界卫生组织官网：https://www.who.int/zh/news-room/detail/29-06-2020-covid-timeline，登录时间：2020年8月9日。
② 世界卫生组织官网：https://www.who.int/zh/news-room/detail/29-06-2020-covid-timeline，登录时间：2020年8月9日。
③ 世界卫生组织官网：https://www.who.int/zh/news-room/detail/29-06-2020-covid-timeline，登录时间：2020年8月9日。
④ 世界卫生组织官网：https://www.who.int/zh/news-room/detail/29-06-2020-covid-timeline，登录时间：2020年8月9日。

立国际协调、扩大国家防范和应对行动以及加快研究和创新。①

2月11日，世卫组织宣布，由新型冠状病毒引起的疾病将命名为新冠肺炎。按照最佳做法，选用该疾病名称是为了避免其不准确和污名化，因此不提及地理位置、动物、个人或群体。②

3月13日，总干事说，欧洲已经成为疫情的中心，报告的病例和死亡人数超过除中华人民共和国以外世界其他地区的总和。世卫组织、联合国基金会和各合作伙伴发起新冠肺炎团结应对基金，接受个人、公司和机构的捐款。该基金仅在10天之内就从18.7万多人和组织筹集到7000多万美元，用于帮助一线卫生工作者开展拯救生命的工作，医治患者，并推进治疗方法和疫苗的研究。③

3月31日，世卫组织发布了一份《医疗产品警报》，告诫消费者、卫生保健专业人员和卫生主管部门，警惕越来越多的妄称能预防、检测、治疗或治愈新冠肺炎的假冒医疗产品。世卫组织宣布与Rakuten Viber（一个免费的短信和呼叫应用程序）推出一个聊天机器人。世卫组织Viber聊天机器人的订阅者直接从世卫组织收到包含最新新闻和信息的通知。它以多种语言提供，用户遍布世界各地。④

4月18日，世卫组织和全球公民运动共同举办了"一个世界：一同宅家"音乐会。这是一场全球特别直播活动，鼓励和支持一线卫生保健工作者。音乐会共筹集了1.279亿美元，其中向新冠肺炎团结应对基金提供了5510万美元，向地方和区域应对机构提供了7280万美元。⑤

5月27日，世卫组织基金会（WHO Foundation）成立，目的是通过向世卫组织和值得信赖的合作伙伴提供资金，支持满足全球公共卫生需

---

① 世界卫生组织官网：https://www.who.int/zh/news-room/detail/29 – 06 – 2020 – covid-timeline，登录时间：2020年8月9日。
② 世界卫生组织官网：https://www.who.int/zh/news-room/detail/29 – 06 – 2020 – covid-timeline，登录时间：2020年8月9日。
③ 世界卫生组织官网：https://www.who.int/zh/news-room/detail/29 – 06 – 2020 – covid-timeline，登录时间：2020年8月9日。
④ 世界卫生组织官网：https://www.who.int/zh/news-room/detail/29 – 06 – 2020 – covid-timeline，登录时间：2020年8月9日。
⑤ 世界卫生组织官网：https://www.who.int/zh/news-room/detail/29 – 06 – 2020 – covid-timeline，登录时间：2020年8月9日。

求。鉴于新冠肺炎的疫情，世卫组织基金会最初将侧重于突发事件和大流行应对工作。基金会将推动扩大捐助方基础，促进公众、每个主要捐助方和公司伙伴进行捐助，为世卫组织提供更可持续和可预测的资金。①

6月29日，世卫组织首次信息流行病学会议开始，这是本组织为预防、发现和应对错误和虚假信息，就基于证据的新措施和做法开展工作的一部分。"信息流行病学"是管理"信息疫情"的科学，信息疫情是指在疾病流行期间产生的大量信息，有些准确，有些不准确。②

7月13日，联合国2020年版《世界粮食安全和营养状况》已经公布。该报告预测，到2020年年底，新冠肺炎大流行可能会使超过1.3亿人陷入长期饥饿。③

7月17日，世卫组织总干事与联合国主管人道主义事务副秘书长举行了一次新闻发布会，发布了最新的《2019冠状病毒病全球人道主义应对计划》，预计需要103亿美元以便在低收入和脆弱国家抗击该病毒。④

三、新冠肺炎疫情下的难民

（一）欧洲⑤

随着全世界动员起来打击新冠肺炎的扩散，欧洲内外许多国家都采取了特殊措施管理边界，限制了空中旅行（air travel）和跨境流动

---

① 世界卫生组织官网：https://www.who.int/zh/news-room/detail/29-06-2020-covid-timeline，登录时间：2020年8月9日。
② 世界卫生组织官网：https://www.who.int/zh/news-room/detail/29-06-2020-covid-timeline，登录时间：2020年8月9日。
③ 世界卫生组织官网：https://www.who.int/zh/news-room/detail/29-06-2020-covid-timeline，登录时间：2020年8月9日。
④ 世界卫生组织官网：https://www.who.int/zh/news-room/detail/29-06-2020-covid-timeline，登录时间：2020年8月9日。
⑤ UNHCR: Coronavirus: UNHCR offers practical recommendations in support of European countries to ensure access to asylum and safe reception, https://www.unhcr.org/en-au/news/press/2020/4/5ea68bde4.html，登录时间：2020年5月26日。

（cross-border mobility）。联合国难民署呼吁欧洲国家维护许多良好做法，并加倍努力，在当前困难时期加强欧洲的庇护制度（asylum systems）。

令人鼓舞的是，近 2/3 的欧洲国家找到有效管理边界的方法，同时允许寻求庇护的人进入其领土。在边境进行医疗检查、健康证明或抵达时进行临时检疫是欧洲国家采取的一些措施。这些都是欧洲及其他国家重要的、积极的先例。

难民署欧洲区域主任帕斯卡尔·莫罗（Pascal Morau）说："由于难民和寻求庇护者是我们努力的中心工作，我们在继续向各国政府提供专业知识的同时，为支持国家庇护制度，制定了一系列切实可行的建议。"

减轻新冠肺炎扩散的措施，例如保持社交距离（physical distancing）、限制行动和集会（restrictions on movements and gatherings），影响了欧洲庇护制度的运作，无论是新庇护申请和文件的登记、身份确定还是司法审查，对有关个人和国家都可能造成严重后果。例如，在新的庇护申请没有登记的地方，人们的逗留不受管制，他们无法获得基本援助和保健服务。如果庇护程序被中止，国家庇护当局在恢复庇护时将面临重大挑战，或者更糟糕的是，有可能失去甚至逆转过去对国家庇护系统的投资。

认识到这种不利后果的风险后，大多数欧洲国家至少在一定程度上调整了其庇护制度，以适应当前的形势。注册程序已经简化，调整为允许书面或电子提交，或前置于医疗筛选，同时将文件的发布自动化。其他人则调整了面谈设施的有形基础设施，或正在测试和提高远程面谈技术的规模，例如通过视频会议（video-conferencing）来继续进行庇护程序。

一段时间以来，一些欧洲国家的新移民接待能力一直处于压力之下，而新冠肺炎紧急情况使这种情况更加严重。在人满为患的接待设施或狭窄空间里，如移民拘留设施拥挤（immigration detention facilities），病毒传播风险就特别高。一些国家已开始将被拘留的寻求庇护者安置到更安全的接待环境中。各国还采取了各种积极措施改善接待设施的条件，以减少传播风险。一些人迅速健全了额外的临时接待能力，将未使用的设施或空置的旅馆填满，以消除拥挤的设施，优先考虑老年人等高危群体的申请。

莫罗说："我们认识到卫生危机带来的巨大挑战，敦促各国也继续进行救生努力，营救在海上遇险的难民和移民。""在拯救生命方面，我们的行动不应拖延或犹豫。当人们拼命寻求安全到达我们的边界时，无论是在陆地上还是海上，我们决不能背弃或使人们回到他们逃离的危险中。"

接待能力的限制也是挑战难民和移民入境的一个主要原因，这些难民和移民在经历了痛苦的地中海之旅后获救。然而，尽管提高欧洲接受国家的接待能力是一个重要的起点，但还需要付出更多的努力，包括以搬迁的形式（the form of relocation）加强欧盟内部的团结。

随着欧洲改变了应对新冠肺炎的措施，风险和机遇开始并存。在逆境中采取的措施，可能有助于在未来建立更具弹性的庇护制度。

莫罗说："我们应该共同确定并接受这样的机会，例如登记庇护申请的数字手段、使用远程采访手段或努力加快庇护程序，同时保持公平。""难民署仍然赞赏收容社区和收容国在所有人面临更大的公共卫生风险之际努力保护欧洲的避难场所。"

难民署欧洲区域局利用在欧洲各地部署的良好做法，发布了一份良好做法和实际建议汇编。这些措施为各国确保进入领土和庇护、解决行动限制或与寻求庇护者和难民就新冠肺炎风险进行有效沟通提供了实际支持。

（二）非洲

西非和中非是非洲最大的人口流离失所地之一，约有560万国内流离失所者、130万难民、140万仍然需要援助的回返者和160万无国籍者。在萨赫勒地区，武装冲突和对平民的袭击已经使近300万人流离失所，自2019年1月以来，已有近100万人流离失所。①

自2020年2月底首次发现此病例以来，该区域21个国家共报告了5000多例新冠肺炎病例，仅100多人死亡，到目前为止，似乎只有宿

---

① UNHCR: Across West Africa dual challenge of conflict and coronavirus threatens millions of people, https://www.unhcr.org/en-au/news/latest/2020/4/5e99b5074.html，登录时间：2020年5月26日。

主种群（host populations）受到影响。然而，缺乏预防疫情的协调努力可能导致所有社区的感染人数急剧增加。①

难民署继续支持该区域各国与联合国机构和非政府组织伙伴一道努力，在可能的情况下维持现有方案，并执行一些新措施，以满足与COVID-19 大流行病有关的人道主义需要，包括以下措施：②

在吉布提，为 4500 多名难民和寻求庇护者提供了新的庇护所，以减少阿里阿迪和霍尔村庄的过度拥挤，并强调社交距离。

在埃塞俄比亚，提高难民营的水和肥皂供应，同时安装洗手站，仅甘贝拉难民营就有 127 个社区站和 1.47 万个家庭站。

在肯尼亚，确定隔离病房，并在该国的两个难民营增加了床位。目前正在向诊所的医务人员提供个人防护装备（Personal Protective Equipment，PPE），同时正在进行评估，以确定在难民营提供保健服务的外地诊所可能定点的地方。食品、肥皂和其他物品的分布已经改变，以遵守社会距离标准。向有手机的难民发送信息，传达 COVID-19 信息和预防措施。

在索马里，庇护所的条件正在改善，救济物品的供应也在增加，以帮助国内流离失所者③在社区保持社交距离。高风险境内流离失所者安置点的目标是缓解收容所的资源紧缺和升级，并提供救济物品，难民署计划支助居住在高密度安置点的 2.76 万名境内流离失所者。

在苏丹，全国有 32 万多难民、境内流离失所者和收容社区成员得到肥皂和其他卫生救济物品。在南达尔富尔贝利尔登记中心安装了 1 个

---

① UNHCR: Across West Africa dual challenge of conflict and coronavirus threatens millions of people, https://www.unhcr.org/en-au/news/latest/2020/4/5e99b5074.html, 登录时间：2020 年 5 月 26 日。

② UNHCR: UNHCR stepping up coronavirus prevention measures for displaced across East, Horn and Great Lakes region of Africa, https://www.unhcr.org/en-au/news/briefing/2020/4/5e8c28c44.html, 登录时间：2020 年 5 月 26 日。

③ 境内流离失所者（Internally displaced persons, IDPs）是被迫离开家园或惯常居住地的人或群体，特别是为了避免武装冲突、普遍暴力、侵犯人权或自然或人为灾害的影响，没有越过国际边界。就难民署的统计而言，这些人口只包括难民署向其提供保护和（或）援助的冲突造成的国内流离失所者。自 2007 年以来，国内流离失所者人口还包括处于类似国内流离失所者状况的人。全球国内流离失所者估计数见 www.internal-displacement.org。

1000 升的水箱。新到苏丹东部的难民，在抵达时可以进行体温测量，并对症状进行为期两周的监测。

在坦桑尼亚，每月提供的肥皂增加了一倍，并分发了容量更大的洗手盥设备，以帮助所有 3 个难民营的难民洗手。另外还安装了洗手台，包括接待中心、分发点、市场和学校的新配件。

在乌干达，为了预防埃博拉（Ebola）病毒的威胁，已经采取了一些措施，包括进行健康和温度检查，以及在过境和接待中心以及难民定居点增加洗手设施。此外，增加了肥皂的分发，卫生工作者正在接受专门关于 COVID – 19 的额外培训。

该地区所有国家都采取了严格的行动措施，从关闭边境（border closures）到封锁（lock-downs）和宵禁（curfews）。难民署敦促这些国家采取必要的措施，其中一些国家几十年来一直慷慨地收容难民，并在这一困难时期继续向逃离战争和迫害的人提供保护和庇护。

1. 苏丹（Sudan）

在苏丹收容的最大难民群体是南苏丹人，自 2013 年以来，有约 84 万人在该国寻求庇护。来自 9 个国家的其他难民也需要救助资源，他们寻求免受暴力和迫害的安全保护。[1]

苏丹难民居住在全国 18 个州的 130 多个地方。约 70% 的人居住在村庄、城镇和定居点的营地外。苏丹境内的大多数难民和寻求庇护者面临着高度贫困、获得谋生的机会有限的困境，他们被收容在该国一些最贫困的地区，在收容社区也是苦苦挣扎。虽然难民往往受益于收容社区提供的慷慨支助，但由于当地资源仍然匮乏，苏丹目前的经济危机加剧了局势恶化。[2]

难民署还参与了机构间的人道主义努力（inter-agency humanitarian efforts），协助了苏丹境内约 190 万流离失所者，保护和处理了流离失所者的

---

[1] UNHCR：UNHCR seeks international solidarity for refugees and hosts in Sudan，https：//www.unhcr.org/en-au/news/briefing/2020/1/5e1d81254/unhcr-seeks-international-solidarity-refugees-hosts-sudan.html，登录时间：2020 年 5 月 26 日。

[2] UNHCR：UNHCR seeks international solidarity for refugees and hosts in Sudan，https：//www.unhcr.org/en-au/news/briefing/2020/1/5e1d81254/unhcr-seeks-international-solidarity-refugees-hosts-sudan.html，登录时间：2020 年 5 月 26 日。

权利、紧急住所和救济分配问题。2019年以来，过渡政府（the transitional government）协助向以前人道主义者无法到达的地区提供援助，这些地区包括南科尔多凡和青尼罗部分地区以及达尔富尔的杰贝尔马拉。①

多年的冲突和动乱也使60多万苏丹人流离失所，成为邻国的难民，其中包括来自乍得东部达尔富尔的30多万难民。自2017年5月苏丹政府、乍得和难民署签署三方协议（Tripartite Agreement between the Government of Sudan, Chad and UNHCR）以来，近4000名苏丹难民选择返回家园，预计2020年还会有更多人回归。②

2. 南苏丹（South Sudan）

难民署和其合作伙伴正在争分夺秒地防止新型冠状病毒在南苏丹蔓延。非洲最年轻的国家南苏丹正从内战中缓慢复苏，这场内战迫使数百万人逃离家园，至今仍是非洲大陆最大的人道主义危机之一。③

难民署正与其他人道主义组织和政府密切合作，防止、治疗和限制新冠肺炎在南苏丹的潜在传播。大约160万人在国内流离失所，另有30万人在国内流亡。许多人生活在拥挤的环境中，得不到水、卫生和保健设施。他们特别容易感染新型冠状病毒。难民署急需更多的资金来保护和拯救生命。难民专员办事处和合作伙伴正在提供肥皂和其他卫生用品，增加口粮，并正在提高风险防范意识和对现状的掌握与了解，以使全国尽可能多的人得到帮助。④

作为COVID-19预防措施的一部分，救援人员在前往配送中心之前必须洗手并测量体温。他们还被要求在整个过程中保持社交距离。为

---

① UNHCR: UNHCR seeks international solidarity for refugees and hosts in Sudan, https://www.unhcr.org/en-au/news/briefing/2020/1/5e1d81254/unhcr-seeks-international-solidarity-refugees-hosts-sudan.html, 登录时间：2020年5月26日。

② UNHCR: UNHCR seeks international solidarity for refugees and hosts in Sudan, https://www.unhcr.org/en-au/news/briefing/2020/1/5e1d81254/unhcr-seeks-international-solidarity-refugees-hosts-sudan.html, 登录时间：2020年5月26日。

③ Refugees Media, UNHCR, available to: https://media.unhcr.org/Package/2CZ7A24A0FY0#/SearchResult&ALID=2CZ7A24A0FY0&VBID=2CZ7RBZLZUKZ&POPUPPN=1&POPUPIID=2CZ7A24AKEBJ, 登录时间：2020年5月25日。

④ Refugees Media, UNHCR, available to: https://media.unhcr.org/Package/2CZ7A24A0FY0#/SearchResult&ALID=2CZ7A24A0FY0&VBID=2CZ7RBZLZUKZ&POPUPPN=1&POPUPIID=2CZ7A24AKEBJ, 登录时间：2020年5月25日。

了减少人们离家领取物品的次数,每月的食品总分配已经改为每两个月领取一次。另外,分发的肥皂数量是原来的两倍。①

图3—21 南苏丹的孩子在洗手台洗手
资料来源:联合国官网。

3. 布基纳法索(the Burkina Faso)②

联合国难民署警告说,在布基纳法索中部和北部及萨赫勒地区,包括儿童在内的数十万流离失所者被迫在野外露宿,任凭风吹雨打,更多的人面临生命危险。

据估计,目前有35万人需要紧急获得足够的住房和水,以帮助他们应对布基纳法索偏远地区类似沙漠的情况。新的不安全感正驱使越来越多的人离家出走。

令难民署感到震惊的是,长期缺乏资源正在酝酿着一场重大的人道主义灾难。现在,COVID-19大流行进一步加剧了已经复杂化的人道主义危机。

布基纳法索是目前世界上发展最快的难民流离失所危机源,近84

---

① Refugees Media, UNHCR, available to: https://media.unhcr.org/Package/2CZ7A24A0FY0#/SearchResult&ALID=2CZ7A24A0FY0&VBID=2CZ7RBZLZUKZ&POPUPPN=1&POPUPIID=2CZ7A24AKEBJ,登录时间:2020年5月25日。

② UNHCR: UNHCR warns chronic lack of resources contributing to new crisis in Burkina Faso, https://www.unhcr.org/en-au/news/briefing/2020/4/5e8c3b614.html,登录时间:2020年5月26日。

万人在过去 16 个月内因冲突和干旱而流离失所，仅 2020 年 3 月就有近 6 万人被迫离开家园。

尽管安全部队的部署有所增加，但武装团体继续在该国中部、北部和萨赫勒地区制造恐怖活动，频繁袭击警察和军队、学校、保健中心、平民、教师和保健工作者。

难民署工作人员定期听取逃亡幸存者的悲惨叙述。人们谈论着对他们村庄的恐怖袭击，在那里，男人和男孩被杀害、妇女被强奸、房屋被掠夺、学校和其他基础设施被摧毁。

难民署正在与地方当局及其他人道主义伙伴合作，向流离失所者紧急提供更多的住房和救济物资，但随着不安全局势的加剧和资源的减少，他们很难接触到所有需要帮助的人。许多流离失所者生活在拥挤不堪的地方，甚至在树下睡觉和生活。

严重的不安全状况正在对人道主义反应产生不利影响，因为它严重阻碍了人道主义行为体接触有需要的人——被迫逃离的人和收容他们的社区都迫切需要住房、粮食、水、安全保护、保健和教育。

布基纳法索的卫生系统受到巨大影响，而且当前该国也面临着新冠肺炎的威胁。目前，该国边境已经关闭，进出城镇的行动受到限制，且已经证实有新冠肺炎病例。

萨赫勒地区缺水也是一个重大挑战。难民署正在萨赫勒地区多里镇附近建造设施，储存约 1.5 万公升的水，同时继续与地方当局合作，以便将流离失所地点与国家供水网络连接起来。

2020 年 3 月，马里难民在遭受袭击和政府发出最后通牒后赶回马里，难民营虽空无一人，但已经有水、卫生和保健设施。

4. 乍得（the Republic of Chad）①

联合国难民署周四（2020 年 3 月 19 日）从迪拜的全球储备中空运了 93.5 吨用于乍得和苏丹难民的紧急援助物资。联合国难民署包机的波音 777 客机于 3 月 18 日晚降落在乍得首都。

自 2019 年 12 月以来，苏丹西达尔富尔州朱奈纳（El-Geneina）发

---

① UNHCR：UNHCR airlifts emergency aid for Sudanese refugees in Chad，https：//www.unhcr.org/en-au/news/briefing/2020/3/5e7206e94.html，登录时间：2020 年 5 月 26 日。

生冲突，迫使超过1.6万人（主要是妇女和儿童）逃离暴力，进入邻国乍得。

他们到达时已筋疲力尽，精神受到创伤，而且出现有营养不良的迹象。大多数人呆在露天或临时搭建的避难所里，几乎没有受到外界的保护。难民因没有安全和保护而被迫进一步迁离边境，迫切需要住所、食物、水和基本保障。最近的难民潮使乍得境内的苏丹难民总数达到36万人。

2020年3月18日的空运除了包括一辆救护车外，还包括1万条毛毯、1.2万个易拉罐饮料、1.2万个蚊帐、1万多个塑料桶、6000套厨房用具、4000个睡垫、2000个太阳能灯和2000张塑料板。这些紧急救济物品预计能满足约1万名难民的人道主义需要。

难民署正在24小时工作，帮助因暴力和迫害而被迫逃离家园的人。这批货物将确保成千上万的苏丹弱势家庭得到急需的援助。

难民署在迪拜的全球储备库于2006年建立，是世界上最大的储备库。这个设施有超过25万人使用的家庭帐篷和其他避难材料，以及毯子、厨房用具和其他救济物品（relief items）。

5. 尼日尔（the Republic of Niger）[1]

联合国难民署对2020年2月16日发生在尼日尔Diffa地区的食物抢购事件中死亡的20人深感悲痛，其中还包括妇女和婴儿。

联合国难民署访问时，尼日尔当局正在为该地区收容的尼日尔难民分发援助。

死者中有4名难民，还有许多人受伤。人们担心，随着从Diffa的医院和保健中心收到更多伤亡信息，受害者人数可能会进一步增加。

联合国难民署驻尼日尔代表亚历山德拉·莫雷利说："我们对这些死亡感到震惊和悲伤。我们赞赏个人为帮助难民所做的一切努力，但我们强烈呼吁与尼日尔地方当局以及人道主义行动者协调这些努力。"

难民署没有参与当天的分发工作，一直在向尼日尔东南部的难民和国内流离失所者提供保护服务和援助，并建立了一个援助分发机制，以

---

[1] UNHCR：UNHCR saddened by refugee deaths in stampede for aid in Niger, https://www.unhcr.org/en-au/news/press/2020/2/5e4bc4154.html, 登录时间：2020年5月26日。

确保能够以安全和有效的方式做到这一点。

这一地区与尼日尔博尔诺州接壤,目前收容了26.3万名因乍得湖盆地暴力而流离失所的人,其中有近一半(约12万人)是难民。绝大多数难民是来自尼日尔的妇女和儿童,最近还有几千人从乍得抵达。

难民署正在以医疗和心理社会支助的形式向幸存者提供紧急援助,并随时准备支持地方当局应对这一悲剧。

在尼日尔和乍得湖流域,难民署领导国际社会采取行动,保护那些因冲突和迫害而被迫逃离家园的人。它一直主张在收容被迫流离失所者的地区加强人道主义和发展行动者之间的协调。

(三) 拉丁美洲

随着新型冠状病毒在拉丁美洲蔓延,联合国难民署警告说,许多流离失所者聚集的土著社区现在正面临危险。①

拉丁美洲各国呼吁难民和移民卫生工作者支持其国家应对COVID-19的举措。在整个地区,数以千计的人正在与国家卫生系统合作应对这一流行病,而更多的人则随时准备支持和回馈为他们提供庇护的社区。②

随着新冠肺炎病例与日俱增,在日益增长的压力下,医疗系统已经过度紧张,联合国难民署正在全力以赴利用难民和医疗人员能够提供的技能和资源。③

该区域一些国家现已采取特别措施。这些规定授权雇用外国合格的卫生专业人员和技术人员 (foreign-qualified health professionals and technicians),包括那些等待许可证或其证书尚未得到东道国认可的人员。其

---

① UNHCR: Indigenous refugees battle Coronavirus in Latin America, https://www.unhcr.org/news/briefing/2020/5/5ec3969d46/indigenous-refugees-battle-coronavirus-latin-america.html,登录时间:2020年5月26日。
② UNHCR: Indigenous refugees battle Coronavirus in Latin America, https://www.unhcr.org/news/briefing/2020/5/5ec3969d46/indigenous-refugees-battle-coronavirus-latin-america.html,登录时间:2020年5月26日。
③ UNHCR: Indigenous refugees battle Coronavirus in Latin America, https://www.unhcr.org/news/briefing/2020/5/5ec3969d46/indigenous-refugees-battle-coronavirus-latin-america.html,登录时间:2020年5月26日。

他国家已采取快速的承认程序,以快速追踪将其纳入国家卫生对策的情况。[1]

秘鲁现在已批准雇用任何国籍的外国认证保健专业人员,以应对新冠肺炎的蔓延。作为紧急措施,阿根廷和智利已授权雇用尚未经国家当局核准资格的保健专业人员。[2]

在古巴,一些难民利用政府资助的奖学金学习医学,在医学院读三年级或以上的难民学生现在也能够加入应急行动。在巴西,古巴医生也被破例授权在全国范围内研究国家卫生对策。[3]

在墨西哥,难民署正与联邦当局合作,并建立一个快速反应机制,承认有资格和有经验的难民和寻求庇护的卫生工作者可加入该国的紧急招聘队伍。在哥伦比亚,卫生部正与卫生专业人员协会合作,吸引委内瑞拉卫生工作者加入国家卫生系统。[4]

整个区域也正在建立外国卫生专业人员网络(networks of foreign health professionals),以提供他们的知识和经验,支持东道国。通过与难民和寻求庇护者社区的接触,难民署了解到数千名被迫流离失所的卫生工作者,他们表示愿意在新冠肺炎反应中与同龄人一道工作。[5]

委内瑞拉史无前例的民众被迫流离失所危机,让拉丁美洲遭受极大的影响,几乎影响了该地区的每个国家。新冠病毒使许多难民及其东道

---

[1] UNHCR:Indigenous refugees battle Coronavirus in Latin America,https://www.unhcr.org/news/briefing/2020/5/5ec3969d46/indigenous-refugees-battle-coronavirus-latin-america.html,登录时间:2020年5月26日。

[2] UNHCR:Indigenous refugees battle Coronavirus in Latin America,https://www.unhcr.org/news/briefing/2020/5/5ec3969d46/indigenous-refugees-battle-coronavirus-latin-america.html,登录时间:2020年5月26日。

[3] UNHCR:Indigenous refugees battle Coronavirus in Latin America,https://www.unhcr.org/news/briefing/2020/5/5ec3969d46/indigenous-refugees-battle-coronavirus-latin-america.html,登录时间:2020年5月26日。

[4] UNHCR:Indigenous refugees battle Coronavirus in Latin America,https://www.unhcr.org/news/briefing/2020/5/5ec3969d46/indigenous-refugees-battle-coronavirus-latin-america.html,登录时间:2020年5月26日。

[5] UNHCR:Indigenous refugees battle Coronavirus in Latin America,https://www.unhcr.org/news/briefing/2020/5/5ec3969d46/indigenous-refugees-battle-coronavirus-latin-america.html,登录时间:2020年5月26日。

主已经绝望的处境雪上加霜，难民署一直在倡导和支持难民包容的工作，以帮助东道国做出正确反应。

1. 巴西（the Federative Republic of Brazil）

巴西境内的流离失所难民中有 5000 名委内瑞拉土著人，他们主要来自瓦劳族、自埃尼亚帕、卡里尼亚、佩蒙和叶克瓦纳社区。随着新冠肺炎疫情的蔓延，亚马孙河地区遭受重创，巴西正在成为这一流行病的重灾区，难民署担心许多人可能在没有足够的健康和卫生条件的情况下挣扎。①

难民署在巴西北部博阿维斯塔举行的关于新冠肺炎的情况介绍会上称，瓦劳土著社区的成员已从委内瑞拉过境。逃离委内瑞拉的瓦劳人也进入了哥伦比亚和圭亚那。在巴西，难民署在当地讲母语人的帮助下举行了新闻发布会，并用瓦劳语印制了世卫组织的材料。②

在巴西，难民署积极支持各国努力确保委内瑞拉土著瓦劳难民有适当的住所，并为涌入巴西的约 1000 名土著人提供住房、食品、医疗和教育服务。此外，为了应对新冠肺炎疫情的暴发，约 770 名瓦劳人已被转移到马瑙斯和贝伦市卫生条件较好的市政避难所。难民署正在为搬迁提供技术支持和物质援助，包括蚊帐、卫生用品、太阳能灯和交通工具。难民专员办事处还继续通过瓦劳语和厄尔尼帕语向这些城市的土著难民举办提升卫生条件的会议。③

2. 哥伦比亚、委内瑞拉（Republic of Colombia，Bolivarian Republic of Venezuela）

在哥伦比亚，一些双民族土著群体，包括 Wayuu、Bari、Yukpa、Inga、Sikwani、Amorúa，居住在委内瑞拉边境附近。虽然他们的祖籍横跨两

---

① UNHCR：Indigenous refugees battle Coronavirus in Latin America，https：//www.unhcr.org/news/briefing/2020/5/5ec3969d46/indigenous-refugees-battle-coronavirus-latin-america.html，登录时间：2020 年 5 月 26 日。

② Refugees Media，UNHCR，available to：https：//media.unhcr.org/Package/2CZ7A24KQB48#/SearchResult&ALID = 2CZ7A24KQB48&VBID = 2CZ7RBZLCVTM&POPUPPN = 1&POPUPIID = 2CZ7A24KIM6B，登录时间：2020 年 5 月 26 日。

③ UNHCR：Indigenous refugees battle Coronavirus in Latin America，https：//www.unhcr.org/news/briefing/2020/5/5ec3969d46/indigenous-refugees-battle-coronavirus-latin-america.html，登录时间：2020 年 5 月 26 日。

国，但许多人未能获得在哥伦比亚的居留合法权，而且没有身份证件。一些人还面临来自控制他们居住地区的非正规武装团体（irregular armed groups）的威胁。①

难民署正在哥伦比亚 Cúcuta 的 Erasmo Meoz 大学医院支持为 COVID-19 病人建造一个医疗中心并已安装了 30 个难民住房单元（Refugee Housing Units，RHU），以帮助医院处理来自委内瑞拉和哥伦比亚的病人。边境城镇 Cúcuta 是进入哥伦比亚的主要边境口岸之一，哥伦比亚收容了 100 多万委内瑞拉难民和移民。②

难民署与联合国其他机构协调，并在 R4V（Response for Venezuelans，委内瑞拉响应）区域机构间协调平台的框架内，支持地方和国家努力应对新冠肺炎疫情蔓延，以保护马瑙斯、博阿维斯塔和帕卡莱姆地区的委内瑞拉人。③

难民专员办事处关切的是，对一些委内瑞拉土著人来说，短暂拘留等特殊情况下所需要的相关文件，尤其是他们的非正常身份（irregular status）和生活条件使他们面临更大的危险。许多人生活在孤立或偏远的地区，在那里他们得不到卫生服务、干净的水和肥皂。其他人住在狭窄的住宅或非正规城市住区，得不到保护设备。食物不足和严重营养不良可能会增加疾病的传染风险，大多数边境土著群体受到自然和文化灭绝的威胁。这些地区缺乏足够的保健服务，这可能会加剧目前新冠病毒传播的状况。④

国家封锁（National lock-downs）也使他们的许多生计活动停滞不

---

① UNHCR：Indigenous refugees battle Coronavirus in Latin America，https：//www.unhcr.org/news/briefing/2020/5/5ec3969d46/indigenous-refugees-battle-coronavirus-latin-america.html，登录时间：2020 年 5 月 26 日。

② Refugees Media，UNHCR，available to：https：//media.unhcr.org/Package/2CZ7A24KQHSB#/SearchResult&ALID=2CZ7A24KQHSB&VBID=2CZ7RBZL5IJS&POPUPPN=1&POPUPIID=2CZ7A24KI2B5，登录时间：2020 年 5 月 26 日。

③ Refugees Media，UNHCR，available to：https：//media.unhcr.org/Package/2CZ7A24KQB48#/SearchResult&ALID=2CZ7A24KQB48&VBID=2CZ7RBZLCVTM&POPUPPN=1&POPUPIID=2CZ7A24KIM6B，登录时间：2020 年 5 月 26 日。

④ UNHCR：Indigenous refugees battle Coronavirus in Latin America，https：//www.unhcr.org/news/briefing/2020/5/5ec3969d46/indigenous-refugees-battle-coronavirus-latin-america.html，登录时间：2020 年 5 月 26 日。

前，如农业、农产品销售和手工业生产。面对日益严重的贫困，一些人别无选择，只能在街头兜售商品，试图养家糊口。这不仅使他们面临被感染的风险，他们还因无法遵守封锁规定和身体疏远措施而受到羞辱和歧视。①

其他保护问题包括一些武装组织在哥伦比亚某些地区招募儿童的风险增加，那里的武装冲突尚未停止。教育也是一项挑战，因为孤立和贫穷的土著学生和教师在封锁期间无法远程学习（learning remotely）和从事虚拟教育（virtual education）。②

随着疑似病例和确诊病例的增加以及土著社区（indigenous communities）中首次出现死亡病例的报告，尽管资金严重不足，难民署仍加大了支持力度。为了控制病毒的传播和影响，难民署正与当局合作，提高国家卫生系统的能力，建立了新的防御机构，包括改善收容所、护理和隔离设施以及预警系统，以应对土著、流离失所的委内瑞拉人及其东道主中的新冠肺炎感染者。③

在哥伦比亚，作为国家努力的补充，难民署和合作伙伴正在支持国家分发粮食，并为尤克帕和瓦尤人口中最脆弱的人，特别是生活在非正规住区的人提供卫生用品。难民署和伙伴组织了卫生队（health brigades），并启动了远程保护线（remote protection lines），还继续开展针对土著社区的信息和卫生宣传运动（information and hygiene promotion campaigns）。④

尽管东道国和人道主义组织做出强有力的努力，但仍迫切需要更多支持，以便继续对土著社区、其他难民和当地收容社区采取拯救生命的措施。

---

① UNHCR：Indigenous refugees battle Coronavirus in Latin America, https：//www.unhcr.org/news/briefing/2020/5/5ec3969d46/indigenous-refugees-battle-coronavirus-latin-america.html，登录时间：2020 年 5 月 26 日。

② UNHCR：Indigenous refugees battle Coronavirus in Latin America, https：//www.unhcr.org/news/briefing/2020/5/5ec3969d46/indigenous-refugees-battle-coronavirus-latin-america.html，登录时间：2020 年 5 月 26 日。

③ UNHCR：Indigenous refugees battle Coronavirus in Latin America, https：//www.unhcr.org/news/briefing/2020/5/5ec3969d46/indigenous-refugees-battle-coronavirus-latin-america.html，登录时间：2020 年 5 月 26 日。

④ UNHCR：Indigenous refugees battle Coronavirus in Latin America, https：//www.unhcr.org/news/briefing/2020/5/5ec3969d46/indigenous-refugees-battle-coronavirus-latin-america.html，登录时间：2020 年 5 月 26 日。

令人震惊的是，委内瑞拉难民和移民区域应对计划（Regional Response Plan for refugees and migrants，RMRP）组织目前只有4%的资金。①

3. 墨西哥（the United Mexican States）②

尽管拉丁美洲和世界其他地区的一些国家已经关闭了边境，限制了行动，以遏制新型冠状病毒的传播，但墨西哥仍继续接纳逃避野蛮暴力和受迫害的人，并帮助他们找到安全庇护所。

墨西哥将新庇护申请的登记（the registration of new asylum claims）确定为一项重要工作，从而确保人们在处理案件时不被强迫返回其生命可能受到威胁的原籍国。

联合国难民署表示，这些做法表明，即使各国政府采取措施保护公共健康，国际难民法的长期原则也可以得到维护。

尽管中美洲的边境限制（border restrictions in Central America）致使墨西哥4月的每周平均庇护申请人数下降了90%，但仍有数百人继续申请该国的难民身份。这表明了许多人在原籍国，甚至在流行病期间，仍然面临的暴力和迫害程度。

2020年前三个月，墨西哥的庇护申请比2019年同期增加了33%。2020年，有近1.78万项新的庇护申请主要来自洪都拉斯、海地、古巴、萨尔瓦多和委内瑞拉的国民。

尽管墨西哥当局已经暂停了因这一流行病而提出的庇护申请的法定处理时间，但难民署正在帮助墨西哥难民办公室（Comisionón Mexican a de Ayuda a Refugiados，COMAR）着手进行庇护申请的远程登记和处理。但在整个过程中应遵守物理距离指导原则，以避免近年来出现的积压状况会进一步加剧。

难民署还支持墨西哥当局从移民拘留中心（Migration Detention Centers）释放寻求庇护者。鉴于新冠肺炎对被拘留者构成的危害，从拘留人员中

---

① UNHCR：Indigenous refugees battle Coronavirus in Latin America, https://www.unhcr.org/news/briefing/2020/5/5ec3969d46/indigenous-refugees-battle-coronavirus-latin-america.html，登录时间：2020年5月26日。

② UNHCR：Despite pandemic restrictions, people fleeing violence and persecution continue to seek asylum in Mexico, https://www.unhcr.org/en-au/news/briefing/2020/4/5ea7dc144.html，登录时间：2020年5月26日。

释放寻求庇护者变得更加重要。

因此,墨西哥移民当局宣布释放所有被拘留的移民和寻求庇护者是一个值得欢迎的步骤。这项措施符合防范酷刑和其他残忍、不人道或有辱人格的待遇或处罚小组委员会的建议。

自 2020 年 3 月 16 日以来,难民署支持从移民拘留所释放了 434 名寻求庇护者。

获释者一般被安置在民间社会组织或天主教会开办的庇护所,或在难民署的协助下搬进出租住所。难民署支持 93 个庇护所采取预防措施,防止新型冠状病毒传播,努力确保难民和寻求庇护者保持安全和健康。

在新冠肺炎疫情蔓延期间,庇护所处于人道主义反应的第一线,难民署协助世卫组织专家举行网络研讨会,以便庇护所能够采取适当的卫生措施。

难民署与其他国际组织协调,向庇护所分发了抗菌凝胶和清洁产品,并正在安装临时水槽,以方便洗手。

许多庇护所还为确诊或疑似新冠肺炎感染者设立了隔离区。这些空间配备了温度计、清洁材料、个人护理用品和紧急移动电话。

然而,该国另外 65 个收容所已经停止接收新来的难民。为了解决这一问题,难民署增加了对寻求庇护者的人道主义援助,以便他们能够支付其他形式的住宿费。这将有助于减少对避难所空间的需求,并有助于确保寻求庇护者能够保持身体距离。

自 2020 年 3 月初以来,抵达墨西哥的 3330 名寻求庇护者已获得人道主义援助,使他们能够找到租用的住所。

(四) 亚洲

1. 巴基斯坦 (the Islamic Republic of Pakistan)[①]

在巴基斯坦南部一个熙熙攘攘的市场的一个小角落里,穆罕默德·

---

① UNHCR: Refugees and communities bank on a brighter future in Pakistan, https://www.unhcr.org/en-au/news/stories/2020/2/5e4137b81e/refugees-communities-bank-brighter-future-pakistan.html, 登录时间: 2020 年 5 月 26 日。

阿泽姆用手指拨弄着一桶鲜红的辣椒粉，他笑了，因为他的香料今天卖得很好。

多年来，作为一名无法进入银行系统的阿富汗难民，穆罕默德被迫依靠朋友兑现支票，以保证自己的钱安全。2019年新法律允许他开银行账户后，他现在生意兴隆。

"以前，我只做现金交易"，他在巴基斯坦南部卡拉奇的阿西夫广场经营的小摊位上说，"家里有这么多钱，对你有威胁。有一个银行账户真的很重要。我们把现金存入账户，然后在自动取款机取钱。那里的钱很安全，它帮助了我们。"

在冲突爆发近40年后，穆罕默德成为大约270万阿富汗注册难民中的一员，他们中的90%生活在邻国巴基斯坦和伊朗。

本月晚些时候，① 联合国秘书长古特雷斯、联合国难民事务高级专员格兰迪（Filippo Grandi）和巴基斯坦总理汗（Imran Khan）将出席在伊斯兰堡举行的为期两天的会议，寻求为阿富汗难民局势分担更大的负担和加强团结。

40多年来，巴基斯坦一直致力于将难民纳入其教育和国家医疗体系，并强化对收容社区的支持。2019年2月，它还允许像阿泽姆这样的阿富汗难民开设银行账户，为他们在流亡期间提供更安全的理财方式。受惠者中包括23岁的阿富汗难民西法特·乌拉（Sifat Ullah），他在自己开的地毯店前做了6年裁缝学徒。作为一名难民，他被迫依靠现金和向老板借钱来为他的生意筹集资金。西法特现在有了银行账户，就可以定期向债权人还款，为将来存钱。

"以前很难找到钱"，他说，"现在我们已经到了可以还债养家的地步。"

2. 阿富汗（the Islamic Republic of Afghanistan）②

联合国难民署呼吁全世界不要让数百万流离失所的阿富汗人的希望

---

① 资料报道时间：2020年2月12日。

② UNHCR：Four decades and counting：An urgent need to rekindle hope for million of Afghan refugees, https://www.unhcr.org/news/briefing/2020/2/5e4272d64/four-decades-counting-urgent-need-rekindle-hope-millions-afghan-refugees.html，登录时间：2020年5月26日。

破灭，这些人受到阿富汗及其所在地区40多年动乱的影响。

40多年来，阿富汗人一直在逃避暴力、战争、冲突和自然灾害。邻国——如巴基斯坦和伊朗——继续表现得非常慷慨，向数百万阿富汗妇女、儿童和男子提供避难，而所有这些国家都很少得到承认，国际社会的支持也在减少。

如今，阿富汗有3500万人口，近25%是在过去18年中返回家园的难民，而100多万人仍在国内流离失所。

大约460万阿富汗人——包括270万注册难民仍然居住在国外。其中有约90%由巴基斯坦（140万）和伊朗（100万）收容。令人不安的是，阿富汗人是目前抵达欧洲的最大的寻求庇护者群体。

在这种需求不断强化的背景下，全球对阿富汗难民局势的支持却一直在下降。多年来，难民署用在阿富汗、巴基斯坦和伊朗的资金已经不足，资金水平也有所下降，这使得它很难投资于阿富汗的生活，也很难继续支持受影响的当地收容社区。

生活在巴基斯坦和伊朗的100多万阿富汗难民是14岁以下的儿童，还有将近3/4的难民是25岁以下的青少年。

资金不足严重影响了教育和增强流亡阿富汗年轻人技能的努力，他们返回后将在重建社区方面发挥主导作用。如果不这样做，对一个容易出现激进主义地区的未受教育青年来说，将有着巨大的风险。

2020年2月17—18日的国际会议凸显了巴基斯坦、伊朗和其他国家的慷慨、好客和同情心，它们收容了世界上人数最多、时间最长的难民人口。这也是一个加强国际团结和分担责任的机会，既可以减轻目前面临巨大困难的东道国的压力，也可以为阿富汗难民可持续返回家园和重返社会创造必要条件。目前为实现阿富汗和平所做的努力再次使阿富汗难民对返回的可能性抱有希望。这次会议将是前进道路上的重要前奏。

3. 伊朗（the Islamic Republic of Iran）[1]

联合国难民署敦促在新冠肺炎大流行的背景下，加大对阿富汗、巴

---

[1] UNHCR：Coronavirus-Now is not the time to forhet Afghanistan and its neighbours，https：//www.unhcr.org/en-au/news/briefing/2020/4/5e9567114.html，登录时间：2020年5月26日。

基斯坦和伊朗的支持力度，并警告说，让阿富汗人及其收容社区掉队，将会对全球抗击该病毒的努力产生深远的负面影响。

新型冠状病毒对发展中国家构成非常大的威胁，疫情暴发将给本已脆弱的当地医疗服务带来巨大压力，并可能导致不可避免的痛苦和死亡。

随着与全球时间赛跑的继续，难民署呼吁国际社会加强与这三个国家的团结，并在这一关键时刻防止在最脆弱社区中暴发更大规模的新冠肺炎疫情。

尽管存在持续的风险和不安全，阿富汗人仍然从伊朗和巴基斯坦返回。自临时重新开放边境以来，数以万计的阿富汗公民已经从巴基斯坦过境到阿富汗。来自伊朗的阿富汗回国人数在2020年3月达到约6万的高峰，但目前每天约有1500人回国。

全世界270万阿富汗难民中，在巴基斯坦和伊朗的约占90%，两国的卫生系统和经济正面临巨大压力。封锁措施和经济活动的急剧下滑，使许多阿富汗难民甚至无法满足最基本的需要。

对于在伊朗和巴基斯坦的阿富汗难民来说，新冠肺炎的影响不仅限于身体健康方面。在这两个国家，受雇者通常被雇为日工（daily laborers）。在该地区各级封锁的情况下，这种工作突然停止，没有收入的难民及其东道主现在面临着生存的威胁。

在伊朗和巴基斯坦的阿富汗人普遍报告说，在支付医疗费用和最基本的食宿生活费用方面存在严重困难，导致许多人被迫借钱。

近期，伊朗国家福利组织（Iran's State Welfare Organization）报告说，在国内这种情况下，与新冠肺炎相关的心理社会支持请求数量急剧增加，这一重要趋势正在世界上其他受新冠肺炎影响的国家得到关注。

这三个国家政府正在做出协调一致和值得赞扬的努力，将流离失所者纳入国家计划和对策，但迫切需要国际社会支持。

面对西南疫情暴发中心，伊朗促进了阿富汗人在其领土上的"模范融入"。难民署赞赏伊朗最近确认与新冠肺炎有关的检测和治疗对所有个人，包括难民都是免费的。此外，该国的全民公共医疗保险已自动扩大到难民和伊朗国民身上，以确保所有难民都能不间断地获得医疗保障。

在伊朗，难民署空运了基本药物、医疗设备和个人防护设备，以支持和加强国家卫生服务。为了解决伊朗严重和紧急缺乏卫生材料的问题，难民署还向全国各地居住在难民定居点的约 7500 户难民家庭分发了肥皂和一次性纸巾，这些家庭的居住条件很拥挤，因此更容易受到新冠肺炎的影响。

难民署提高了其在阿富汗与伊朗边境的援助能力，以便更好地支持追踪和联系追踪个人。心理社会支持服务也继续通过电话进行。

作为全球打击新冠肺炎的集体努力的一部分，阿富汗、伊朗和巴基斯坦迫切需要更多的支持。尽管整个次区域都在开展工作，但这种流行病变得无法控制的风险现在已经非常大。

第四章 性别平等与妇女权益保护

章节导读

★学习目标
● 明确性别平等与人权之间的关系，了解侵害妇女的暴力行为的范畴；
● 熟知联合国为保障妇女权利设置的机构与实施的举措；
● 参考他国案例，根据个人兴趣展开相关调研，做出自己的思考。

★本章导读

《联合国宪章》旗帜鲜明地表明了联合国对性别平等与妇女权利的支持。《联合国宪章》序言部分就有如下内容："重申基本人权，人格尊严与价值，以及男女与大小各国平等权利之信念。"联合国的宗旨与原则也明确指出："……且不分种族、性别、语言或宗教，增进并激励对于全体人类之人权及基本自由之尊重。"《普遍人权宣言》(Universal Declaration of Human Rights) 将妇女平等与非歧视作为基本人权。后来的千年发展目标（MDGs）以及可持续发展目标（SDGs），都将性别平等与保护妇女权益作为重要内容。除了法律与政策上的侧重，联合国成立后在机制建设上也不断完善，不仅丰富了联合国框架的综合性，还在一定程度上填补了部分国家国内法缺失造成的妇女问题解决方案的空白。

尽管妇女权利问题已经成为当今社会一个重要的公共讨论议题，但我们距真正实现两性平等还有很长的路要走。家庭、社会对妇女的歧视，侵害妇女的暴力行为仍然广泛存在……两性平权不是口号，它需要我们每个人去反思与不懈追求。希望大家能通过本章学习有所收获，对妇女权利及与之相关的问题有更深入的理解与思考。

第一节 联合国与性别平等（Gender Equality）历程

实现性别平等是联合国全球议题的重要内容，并被写入《联合国宪章》。联合国治理通过多种途径增加女性权利，提高女性地位，因为这是社会和经济进步的关键。性别平等也体现在《世界人权宣言》这一人权史上具有里程碑意义的文件中。

《联合国宪章》第一章："促成国际合作，以解决国际间属于经济、社会、文化及人类福利性质之国际问题，且不分种族、性别、语言或宗教，增进并激励对于全体人类之人权及基本自由之尊重。"	UN support for the rights of women began with the Organization's founding Charter. Among the purposes of the UN declared in Article 1 of its Charter is "To achieve international co-operation in solving international problems of an economic, social, cultural, or humanitarian character, and in promoting and encouraging respect for human rights and for fundamental freedoms for all without distinction as to race, sex, language, or religion."

联合国成立后的第一年，经济及社会理事会（ECOSOC）设立了妇女地位委员会（Commission on the Status of Women），作为专门致力于性别平等和提高妇女地位的重要全球性政策制定机构，该机构最早的成果之一是确保在《世界人权宣言》草案中使用性别中立的语言。妇女地位委员会是专门致力于性别平等和增强妇女权能的重要全球性政府间机构，在完善妇女权利、记录全球妇女生活现状、为性别平等和增强妇女权能设立全球标准方面起到重要作用。

《世界人权宣言》是人权史上具有里程碑意义的文件，于1948年12月10日在巴黎召开的大会会议上以第217A（III）号决议通过。第一条再次强调："人人生而自由，在尊严和权利上一律平等。"第二条强调："人人有资格享有本宣言所载的一切权利和自由，不分种族、肤色、性别、语言、宗教、政治或其他见解、国籍或社会出身、财产、出生或其他身份等任何区别。"	The Universal Declaration of Human Rights (UDHR) is a milestone document in the history of human rights, adopted by the General Assembly in Paris on 10 December 1948 (General Assembly resolution 217 A), reaffirms that "All human beings are born free and equal in dignity and rights" and that "everyone is entitled to all the rights and freedoms set forth in this Declaration, without distinction of any kind, such as race, colour, sex, language, religion, … birth or other status."

20世纪70年代，随着美苏冷战局势的缓和，国际政治格局进入大分化、大改组时期。随着第三世界兴起，联合国大会召开两次特别联大，讨论建立国际政治新秩序和国际经济新秩序问题，国际女权运动势头加快。从1975年到1995年，联合国举办了四次妇女问题世界会议，呼吁实现性别平等与妇女赋权（empowerment）。

1975年联大宣布该年为国际妇女年，并在墨西哥城举办了第一次妇女问题世界会议。在该会议的敦促下，联大宣布1976—1985年为"联合国妇女十年"（UN Women Decade），并设立了"联合国妇女十年自愿基金"。1979年，联大通过了《消除对妇女一切形式歧视公约》（*Convention on the Elimination of All Forms of Discrimination against Women*, *CEDAW*），这个包含了30个条款的公约经常被称为《国际妇女权利宪章》（an International Bill of Rights for Women），明确界定了对妇女的歧视，并提出一个让各缔约国采取行动消除这些歧视的议程。公约承认文化和传统是影响性别角色和家庭关系形成的重要力量，它也是第一个认可妇女有生育权利的人权条约。

1980年，第二次妇女问题世界会议在哥本哈根举行。来自145个国家和地区及联合国系统有关组织和专门机构的代表共2000多人参会。大会审议和评估了"联合国妇女十年"中期进展情况，通过了《联合国妇女十年后半期行动纲领》，呼吁强化国家层面的措施，以保障妇女的财产所有权和控制权，并改善妇女在继承、子女监护和丧失国籍方面的权利。大会对 1979 年 12 月通过的《消除对妇女一切形式歧视公约》举行签字仪式，中国政协副主席、全国妇联主席康克清率中国政府代表团 23 人出席，在公约上签字。

1985 年，第三次妇女问题世界会议在肯尼亚首都内罗毕召开，主题为"审查和评价联合国妇女十年：平等、发展与和平成就世界会议"。157 个国家和地区的代表、56 个联合国系统专门机构和各有关组织以及享有联合国经社理事会咨询地位的非政府组织的观察员等 6000 多人与会，许多人把这次会议视为"全球女权运动的诞生"（the birth of global feminism）。各国代表围绕妇女、冲突与和平问题进行了激烈的辩论，认识到墨西哥城妇女问题世界会议的目标尚未完全实现，此次与会的 157 国政府通过了《内罗毕提高妇女地位前瞻性战略》(the Nairobi Forward-looking Strategies to the Year 2000)。这份文件认为妇女问题与各领域的问题关联密切，勾画了未来 15 年妇女发展蓝图，被认为是具有历史意义的纲领性文件。

1995 年，第四次妇女问题世界会议在北京举行，这次会议在内罗毕会议的基础上又向前迈进一步，主题为"以行动谋求平等、发展与和平"。联合国 185 个成员国、4 个观察员国以及联合国机构、政府间组织、非政府组织、媒体记者共 1.5 万人出席，加上非政府组织论坛的 3 万多与会者，共计 4.5 万人汇集北京，其成为联合国历史上人数最多的国际盛会。大会通过《北京宣言》和《行动纲领》，提出将社会性别意识纳入决策主流的战略，并提出与妇女发展密切相关的 12 个关切领域的战略目标和具体行动，在国际妇女发展史上具有重大的突破。此次世妇会后，许多国家在男女平等立法、制定妇女发展规划、性别平等机制建设等方面都有了大幅度的进展，妇女人权、妇女教育、妇女保健、妇女脱贫、妇女参与经济等方面目标的实现有了明显进步。①

2000 年 9 月，在联合国千年首脑会议上，全球各国首脑表决通过了联合国千年宣言。各国承诺将建立新的全球合作伙伴关系以降低极端贫穷人口比重，并设立了一系列以 2015 年为最后期限的目标，即"千

---

① 宗洁："联合国提高妇女地位的宗旨和机制（下）"，《中国妇运》2011 年第 12 期，第 41 页。

年发展目标"：到 2015 年消灭极端贫穷和饥饿；普及小学教育；促进性别平等并赋予妇女权力；降低儿童死亡率；改善产妇保健；与艾滋病毒/艾滋病、疟疾和其他疾病做斗争；确保环境的可持续能力。八项目标中有两项直接与性别平等和妇女发展相关，推动性别平等和赋权妇女因"千年发展目标"的通过而被鲜明地纳入全球发展战略，成为联合国推动性别平等的新助力。

"千年发展目标"	
八项千年发展目标——从极端贫穷人口比例减半，遏止艾滋病毒/艾滋病的蔓延到普及小学教育，所有目标完成时间是 2015 年——这是一幅由全世界所有国家和主要发展机构共同展现的蓝图。这些国家和机构已全力以赴满足全世界最贫困人口的需求 联合国也正与各国政府、民间社会和其他合作伙伴通过实现千年发展目标所产生的势头，并继续推行雄心勃勃的 2015 年后发展议程。你可以看到联合国及其合作伙伴为建设一个更美好世界所做出的多种努力 目标一：消灭极端贫穷和饥饿 目标二：实现普及初等教育 目标三：促进两性平等并赋予妇女权力 目标四：降低儿童死亡率 目标五：改善产妇保健 目标六：与艾滋病、疟疾和其他疾病做斗争 目标七：确保环境的可持续能力 目标八：制定促进发展的全球伙伴关系	The eight Millennium Development Goals (MDGs) - which range from halving extreme poverty rates to halting the spread of HIV/AIDS and providing universal primary education, all by the target date of 2015-form a blueprint agreed to by all the world's countries and all the world's leading development institutions. They have galvanized unprecedented efforts to meet the needs of the world's poorest. The UN is also working with governments, civil society and other partners to build on the momentum generated by the MDGs and carry on with an ambitious post-2015 development agenda. Goal 1: Eradicate Extreme Poverty and Hunger Goal 2: Achieve Universal Primary Education Goal 3: Promote Gender Equality and Empower Women Goal 4: Reduce Child Mortality Goal 5: Improve Maternal Health Goal 6: Combat HIV/AIDS, Malaria and Other Diseases Goal 7: Ensure Environmental Sustainability Goal 8: Global Partnership for Development

2010 年 7 月 2 日，联大一致投票决定建立一个致力于加快实现性别

平等和增强妇女权能的独立联合国机构,即联合国促进性别平等和增强妇女权能署(简称妇女署,UN Women)。

2015年,联合国成立70周年,随着"千年发展目标"的初步完成,各国首脑推出一个更具雄心的计划——《2030可持续发展议程》,提出今后15年达到17个可持续发展目标(SDGs)。可持续发展目标5是"实现性别平等,增强所有妇女和女童的权能",这是为性别议题单独设立的目标,致力于解决所有性别不平等的问题。

	"可持续发展目标"
17个可持续发展目标是实现所有人更美好和更可持续未来的蓝图。目标提出了我们面临的全球挑战,包括与贫困、不平等、气候、环境退化、繁荣以及和平与正义有关的挑战。这些目标相互关联,旨在不让任何一个人掉队,我们必须在2030年之前实现每个目标 目标一:无贫穷 在全世界消除一切形式的贫困 目标二:零饥饿 消除饥饿,实现粮食安全,改善营养状况和促进可持续农业 目标三:良好健康与福祉 确保健康的生活方式,促进各年龄段人群的福祉 目标四:优质教育 确保包容和公平的优质教育,让全民终身享有学习机会	The Sustainable Development Goals are the blueprint to achieve a better and more sustainable future for all. They address the global challenges we face, including those related to poverty, inequality, climate change, environmental degradation, peace and justice. The 17 Goals are all interconnected, and in order to leave no one behind, it is important that we achieve them all by 2030. Click on any specific Goal below to learn more about each issue. Goal 1: No Poverty Economic growth must be inclusive to provide sustainable jobs and promote equality. Goal 2: Zero Hunger The food and agriculture sector offers key solutions for development, and is central for hunger and poverty eradication. Goal 3: Good Health and Well-being Ensuring healthy lives and promoting the well-being for all at all ages is essential to sustainable development. Goal 4: Quality Education Obtaining a quality education is the foundation to improving people's lives and sustainable development.

续表

"可持续发展目标"	
目标五：性别平等 性别平等不仅是一项基本人权，而且是和平、繁荣和可持续世界的基石	Goal 5：Gender Equality Gender equality is not only a fundamental human right, but a necessary foundation for a peaceful, prosperous and sustainable world.
目标六：清洁饮水和卫生设施 为所有人提供水和环境卫生并对其进行可持续管理	Goal 6：Clean Water and Sanitation Clean, accessible water for all is an essential part of the world we want to live in.
目标七：经济适用的清洁能源 确保人人获得负担得起的、可靠和可持续的现代能源	Goal 7：Affordable and Clean Energy Energy is central to nearly every major challenge and opportunity.
目标八：体面工作和经济增长 促进持久、包容和可持续经济增长，促进充分的生产性就业和人人获得体面工作	Goal 8：Decent Work and Economic Growth Sustainable economic growth will require societies to create the conditions that allow people to have quality jobs.
目标九：产业、创新和基础设施 基础设施投资对实现可持续发展至关重要	Goal 9：Industry, Innovation, and Infrastructure Investments in infrastructure are crucial to achieving sustainable development.
目标十：减少不平等 减少国家内部和国家之间的不平等	Goal 10：Reduced Inequalities To reduce inequalities, policies should be universal in principle, paying attention to the needs of disadvantaged and marginalized populations.
目标十一：可持续城市和社区 建设包容、安全、有抵御灾害能力和可持续的城市和人类住区	Goal 11：Sustainable Cities and Communities There needs to be a future in which cities provide opportunities for all, with access to basic services, energy, housing, transportation and more.
目标十二：负责任消费和生产 采用可持续的消费和生产模式	Goal 12：Responsible Consumption and Production Ensure sustainable consumption and production patterns.
目标十三：气候行动 气候变化是跨越国界的全球性挑战	Goal 13：Climate Action Climate change is a global challenge that affects everyone, everywhere.

续表

"可持续发展目标"	
目标十四：水下生物 保护和可持续利用海洋和海洋资源以促进可持续发展	Goal 14：Life Below Water Careful management of this essential global resource is a key feature of a sustainable future.
目标十五：陆地生物 可持续管理森林，防治荒漠化，制止和扭转土地退化，遏制生物多样性的丧失	Goal 15：Life on Land Sustainably manage forests, combat desertification, halt and reverse land degradation, halt biodiversity loss.
目标十六：和平、正义与强大机构 让所有人都能诉诸司法，在各级建立有效、负责和包容的机构	Goal 16：Peace, Justice and Strong Institutions Access to justice for all, and building effective, accountable institutions at all levels.
目标十七：促进目标实现的伙伴关系 重振可持续发展全球伙伴关系	Goal 17：Partnerships Revitalize the global partnership for sustainable development.

第二节 联合国与消除对妇女的暴力行为（Eliminating Violence Against Women）

联合国系统持续特别关注侵害妇女的暴力行为问题。1993年联大通过第48/104号决议，通过《消除对妇女的暴力行为宣言》（DEVAW），"明确而全面地确定对妇女的暴力行为的定义［和］明确阐述为确保消除对妇女的一切形式暴力而应予执行的权利"，这表示"各国应就其责任做出承诺，整个国际社会也应做出承诺，致力于消除对妇女的暴力"。

《消除对妇女的暴力行为宣言》将"对妇女的暴力行为"定义为：对妇女造成或可能造成身心方面或性方面的伤害或痛苦的任何基于性别的暴力行为，包括威胁进行这类行为、强迫或任意剥夺自由，而不论其发生在公共生活还是私人生活中。① 此外，《宣言》还补充了关于"对

---

① 《消除对妇女的暴力行为宣言》，第1条。

妇女的暴力行为"的理解，并将其分为"家庭—社会—国家"三个层面：

（a）在家庭内发生的身心方面和性方面的暴力行为，包括殴打、家庭中对女童的性凌虐、因嫁妆引起的暴力行为、配偶强奸、阴蒂割除和其他有害于妇女的传统习俗、非配偶的暴力行为和与剥削有关的暴力行为；

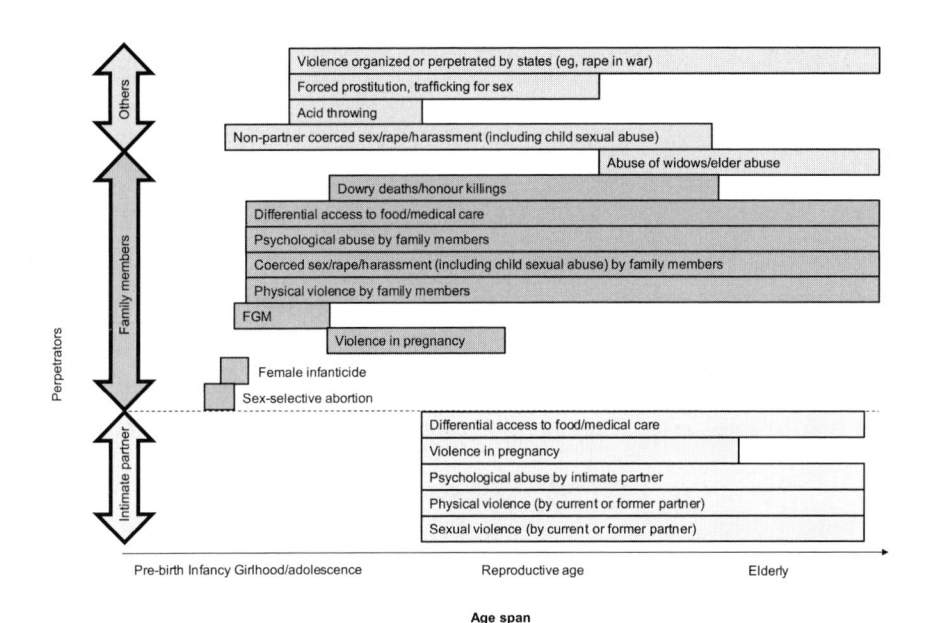

图4—1 妇女在人生不同阶段可能遭受的暴力或虐待

资料来源：Charlotte Watts, Cathy Zimmerman, "Violence against women: global scope and magnitude", THE LANCET, Vol. 359（April 6, 2002）, p. 1233.

（b）在社会上发生的身心方面和性方面的暴力行为，包括强奸，性凌虐，在工作场所、教育机构和其他场所的性骚扰和恫吓，贩卖妇女和强迫卖淫；

（c）国家所做或纵容发生的身心方面和性方面的暴力行为，无论其在何处发生。①

事实上，伴随着现代社会的发展，"侵害妇女的暴力行为"也处于变化之中。与传统身体暴力或性暴力不同，以精神暴力、财产暴力（如经济控制）为表现形式的"新型暴力"同样应当被纳入统计分析的范畴。此外，科技进步、社交媒体普及附带的性骚扰、性威胁等问题也等待着规范化处理。

各国普遍存在针对妇女的暴力行为，甚至在那些其他社会领域备受赞赏的国家，也存在对妇女的暴力行为。全球范围内有 35% 的妇女遭受身体暴力和/或亲密伴侣性暴力或非伴侣性暴力，在某些国家，这一数字高达 70%。全球有大约 70% 的人口贩运活动的受害者是妇女和女童。②

2017 年 9 月，欧洲联盟和联合国共同发起"聚光灯倡议"（The Spotlight Initiative），这是一项全球多年倡议，旨在消除针对妇女和女童的一切形式的暴力行为。

每年的 11 月 25 日是消除对妇女的暴力行为国际日。

第三节　联合国系统中关于妇女权益保护的纲要性文件

一、（1979 年）联合国大会《消除对妇女一切形式歧视公约》（CEDAW）

1979 年 12 月 18 日，联合国大会第三委员会通过第 34/180 号决议（A/RES/34/180），通过《消除对妇女一切形式歧视公约》，于 1981 年 9 月 3 日生效。《公约》第 1 条将"对妇女的歧视"定义为"基于性别而做的任何区别、排斥或限制，其影响或其目的均足以妨碍或否认妇女

---

① 《消除对妇女的暴力行为宣言》，第 2 条。
② "聚光灯倡议：消除暴力侵害妇女和女童行为"：https://www.un.org/zh/spotlight-initiative/。

不论已婚未婚在男女平等的基础上认识、享有或行使在政治、经济、社会、文化、公民或任何其他方面的人权和基本自由"。《公约》第 3 条提倡缔约国赋予女性与男性平等的经济、社会、文化、公民和政治权利；第 16 条规定缔约国须保证婚姻平等、生育自由，反对童婚。然而，《公约》中并未提及"对妇女的暴力行为"，妇女和女童的权利没有得到切实保障。

二、（1993 年）联合国大会《消除对妇女的暴力行为宣言》（DEVAW）

1993 年 12 月 20 日，联合国大会第三委员会通过第 48/104 号决议（A/RES/48/104），通过《消除对妇女的暴力行为宣言》，于 1994 年 2 月 23 日生效。《宣言》对"对妇女的暴力行为"做出明确定义，补充了《消除对妇女一切形式歧视公约》中表述模糊之处，并为联合国系统及各国在消除对妇女的暴力行为的方式方面提供建议。可以说，《宣言》是第一份明确提出消除对妇女的暴力行为的国际文件，具有建设性意义。它提供的框架直接推动了 1995 年《北京宣言》和《行动纲要》[①]的通过。

三、（1995 年）第四次妇女问题世界会议《北京宣言》和《行动纲要》

1995 年 9 月 4—15 日，第四次妇女问题世界会议在北京召开。会议通过《北京宣言》（附件一）和《行动纲要》（附件二）。[②] 其中，《北京宣言》共 38 条，《行动纲要》共 6 章 361 条，两部分总计 137 页。

《北京宣言》重申《联合国宪章》的宗旨和原则，承诺奉行《世界人权宣言》《消除对妇女一切形式歧视公约》《儿童权利公约》《消除对

[①] 1995 年 9 月 15 日第 16 次全体会议通过；讨论经过见第五章。
[②] 《〈北京宣言〉和〈行动纲要〉》，第 1 页，https://www.un.org/womenwatch/daw/beijing/pdf/BDPfA%20C.pdf，登录时间：2020 年 2 月 8 日。

妇女的暴力行为宣言》及《发展权利宣言》；① 为在 20 世纪末前实现《提高妇女地位内罗毕前瞻性战略》的目标而加强努力与行动。② 此外，《北京宣言》还敦促各国政府、各国际组织和机构在所在各级做出承诺与实践。③

《行动纲要》第一章（任务说明）、第二章（全球框架）和第三章（重大的关切领域）说明了《纲要》的性质、目的以及实施成功的条件；呼吁各国顺应各个维度的全球变化趋势，解决妇女权利方面的新问题、综合性问题；吁请各国政府、国际社会和民间社会，包括非政府组织和私营部门在重大关切领域采取战略行动。④《行动纲要》第四章（战略目标和行动）包含 12 节，在每一个重大关切领域都对问题加以剖析，并提出战略目标及为实现目标所应采取的行动。⑤《行动纲要》第五章（体制安排）和第六章（财政安排）分别分为国家、区域、国际三个级别，指出《行动纲要》的执行首要责任在于各国政府，也取决于社区、国家、分区域/区域和国际各级的公私营部门和非政府部门的各种机构的参与。⑥

第四次妇女问题世界会议结束后，文件内容的执行情况受后续会议的审查。2015 年 3 月 9—20 日，联合国妇女地位委员会召开第 59 届会议，审查并评价了 1995 年妇世会通过的《北京宣言》和《行动纲要》以及 2000 年召开的联合国大会第 23 届特别会议成果文件的执行情况。会议通过了《政治宣言》，承认没有一个国家完全实现性别平等和妇女、女童赋权，《行动纲要》列举的 12 项关键领域在实施过程中遇到新挑战。

四、(2000 年) 联合国大会《联合国千年宣言》

2000 年 9 月 8 日，189 个国家的首脑在联合国纽约总部签署《联合

---

① 参见《〈北京宣言〉和〈行动纲要〉》，第 8 条。
② 参见《〈北京宣言〉和〈行动纲要〉》，第 22 条。
③ 参见《〈北京宣言〉和〈行动纲要〉》，第 36 条。
④ 参见《〈北京宣言〉和〈行动纲要〉》，第一章至第三章，第 7 页至第 18 页。
⑤ 参见《〈北京宣言〉和〈行动纲要〉》，第四章，第 45 条。
⑥ 《〈北京宣言〉和〈行动纲要〉》，第五章，第 286 条。

国千年宣言》（A/RES/55/2）。《宣言》共包含八个目标：消除极端饥饿与贫困，普及初等教育，促进性别平等和提高妇女权利，降低儿童死亡率，改善产妇保健，与艾滋病、疟疾和其他疾病做斗争，确保环境的可持续发展能力，全球合作促进发展。①《宣言》用于指导2000—2015年的全球发展工作，其中多个目标都与妇女权益保护相关。

2015年是《联合国千年宣言》中八项目标的收官之年。联合国秘书处经济和社会事务部牵头汇编了《千年发展目标报告》。报告对八项目标的完成度分别做出说明。其中第三个目标（促进性别平等和提高妇女权利）与妇女权益保护密切相关。关于目标三，评估指出的所有进步都只涉及女童入学率、妇女就业率和妇女参政率的提升，并未涉及与暴力相关的审查。②

五、（2015年）联合国大会《2030年可持续发展议程》

2015年9月召开的联合国大会第70届会议通过了《2030年可持续发展议程》（A/RES/70/1），并于2016年1月1日正式启动。可持续发展目标与支持千年发展目标的努力所产生的成功和问题都息息相关。《2030年可持续发展议程》共包含17项目标，其中与妇女权益保护相关的有性别平等、体面工作和经济增长及减少不平等。《2019年可持续发展目标报告》指出，歧视性法律和社会规范，以及对妇女和女孩有害的行为和其他形式的暴力仍然广泛存在。《报告》显示，全世界的妇女和女童仍然经受着暴力和残忍行径。据最新的106个国家的可得数据显示，15—49岁曾有过伴侣的妇女和女童中，有18%在调查前12个月内经受过现任或前任亲密伴侣的身体暴力和/或性暴力。自2000年以来，女性生殖器切除（女性割礼）的发生率平均下降了1/4。不过，陋习集中的国家中仍有1/3的15—19岁的女童接受了割礼（该比例在2000年约为1/2）。童婚在全球范围内继续减少，南亚女童童婚的风险自2000

---

① 参见联合国官网，https：//www.un.org/millenniumgoals/，登录时间：2020年2月8日。
② The Millennium Development Reports 2015 Summary, United Nations, 2015, pp.1-12.

年以来下降了超过 40%，而撒哈拉以南非洲的童婚率下降速度较慢。很多国家法律框架的空白和融资缺口限制了提升妇女权利工作的开展。①

第四节 联合国系统中的妇女权益保护机构与项目

目前，联合国系统内有诸多致力于消除性别歧视、保障妇女权益的机关和专门机构，如联合国妇女地位委员会、联合国消除对妇女歧视委员会（The United Nations Committee on the Elimination of discrimination against Women）与联合国妇女署的工作重心都是促进两性平等及妇女赋权。此外，联合国儿童基金会、联合国人权理事会及联合国教科文组织等也通过各自涉及妇女问题的工作开展性别项目。

一、专门机构

（一）妇女地位委员会（CSW）

妇女地位委员会是经济及社会理事会的一个职司委员会，专门致力于促进性别平等和增强妇女权能。1946 年 6 月 21 日，经社理事会通过第 11(Ⅱ)号决议，标志着该委员的设立。1996 年，经社理事会第 1996/6 号决议扩大了委员会的任务，确定妇女地位委员会在监测和审查《北京宣言》和《行动纲要》的执行和普及方面以及性别问题上应发挥领导作用。委员会通过了多年期工作方案（Multi-year Programmes of Work）以评估进展情况，并提出建议以加快执行《行动纲要》。② 委员会还为《2030 年可持续发展议程》的后续行动做出贡献，旨在加速实

---

① 参见《2019 年可持续发展目标》，第 32—33 页。
② 根据经社理事会 2013/18、2016/3、2018/8 三份决议，2015 年到 2020 年每年都有各自重点审查主题，参见 https：//www.unwomen.org/en/csw，登录时间：2020 年 2 月 8 日。

现性别平等和增强妇女权能。

（二）联合国促进性别平等和增强妇女权能署（妇女署）（UN Women）

作为联合国改革的一部分，2010年7月2日联合国大会通过第64/289号决议（A/RES/64/289），合并了联合国妇女发展基金（UNIFEM）、提高妇女地位司（DAW）、性别问题和提高妇女地位特别顾问办公室（OSAGI）和国际提高妇女地位研究训练所（INSTRAW）四个联合国机构和办公室的现有任务和职能，并创建联合国促进性别平等和增强妇女权能署（简称联合国妇女署）。2011年1月起，妇女署开始运作。该实体将履行秘书处的职能，同时在国家一级开展业务活动。联合国妇女署的总部将设在纽约，其运作经费既有联合国常规预算，也依靠自愿捐助。目前会员国已经确认，妇女署的运作经费至少需要5亿美元，是合并前四个机构运作资金总额的两倍。

妇女署将在《联合国宪章》《北京宣言和行动纲要》包括的12个有关的主要领域（即妇女与贫穷、妇女教育与培训、妇女与保健、对妇女的暴力行为、妇女与武装冲突、妇女与经济、妇女参与权力和决策、提高妇女地位的体制办法、妇女的人权、妇女与媒体、妇女与环境、女童）、联合国大会第23届特别会议成果以及支持、论述和推动两性平等和妇女赋权以及提高妇女地位的相关联合国文书、标准和决议的框架内开展工作。联合国妇女署的主要职能有三个：(1) 支持妇女地位委员会等政府间机构制定政策、全球标准和规范。(2) 为帮助会员国执行这些标准，随时准备向提出要求的国家提供适当的技术和财政支持，并与民间社会建立有效的伙伴关系。(3) 使联合国系统对自己对性别平等的承诺负责，包括定期监测全系统的进展。

联合国妇女署致力于消除对妇女和女童的歧视；增强妇女赋权；在发展、人权、人道主义行动及和平与安全方面实现男女平等，使男女同时成为上述四个方面的参与者和受益者。①

(三) 联合国消除对妇女歧视委员会 (CEDAW)

联合国消除对妇女歧视委员会是一个成立于 1982 年的专家机构，由来自世界各地的 23 位妇女问题专家组成。委员会的任务非常具体：关注那些在 1979 年《消除对妇女一切形式歧视公约》的缔约国中取得的进展。一个国家通过批准或加入《公约》而成为缔约国，从而承担制止对妇女歧视的法律义务。委员会监督履行这一义务的国家措施的执行情况。23 位专家由缔约国选举产生，任期 4 年，每次选举更换一半成员。秘书长每隔一年在纽约联合国总部召开一次缔约国会议。②

二、开展性别项目的机构

(一) 联合国儿童基金会 (UNICEF)

作为专门关注世界儿童发展状况和权益的联合国永久成员，联合国儿童基金会在开展女童教育工作中起着引领作用。联合国儿童基金会提供的教育援助涵盖教育政策、能力建设、社区动员、资金支持、基础设施建设等方面的工作，性别行动计划（Gender Action Plan）则确定联合国儿童基金会如何在全球、区域和国家各级的组织工作中促进性别平等。它根据儿童基金会战略计划，详细说明了方案在性别方面的成果以及衡量成功的相关指标。

目前可以看到两份性别行动计划，它们分别是《2014—2017 年儿基会性别平等行动计划》和《2018—2021 年儿基会性别平等行动计划》。《2018—2021 年性别平等行动计划》是与《2018—2021 年儿基会

---

① 参见联合国妇女署官网，https：//www.un.org/womenwatch/daw/daw/index.html，登录时间：2020 年 2 月 8 日。
② 参见联合国妇女署官网，https：//www.un.org/womenwatch/daw/cedaw/committee.htm，登录时间：2020 年 2 月 8 日。

战略计划》同时拟定的，两者经过了一个相辅相成的过程。后者将性别平等纳入全部五个目标领域的所有成果中，与发展和人道主义背景都相关。该战略计划还将性别平等纳入方案战略及有助于取得成果的基本系统和进程中。①

如图4—2所示，儿基会的主流化战略包括在方案成果和机构制度及进程中纳入性别平等。《性别平等行动计划》方案框架界定了一种双轨办法：（a）在所有方案领域纳入性别平等成果，和（b）具体说明侧重于增强少女权能的"目标明确的性别平等优先事项"。②

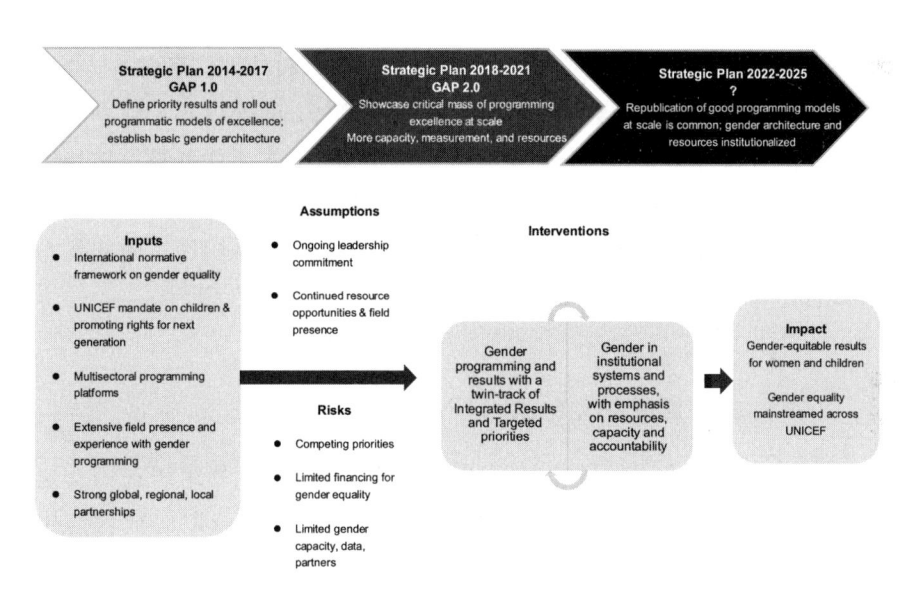

图4—2 性别平等行动计划：变革理论

资料来源：《2018—2021年儿童基金会性别平等行动计划》，E/ICEF/2017/16，第5页。

联合国儿童基金会的宗旨是，通过国家方案来促进妇女和女孩的平等权利，并支持她们充分参与当地各级政治、社会和经济发展活动。除了性别平等行动计划，联合国儿童基金会还曾经推出"性别政策"，并

---

① 参见《2018—2021年儿基会性别平等行动计划》，E/ICEF/2017/16，第4页。
② 参见《2018—2021年儿基会性别平等行动计划》，E/ICEF/2017/16，第5页。

推进相关工作落实。联合国儿童基金会的《2010 性别政策》规定,包括紧急援助工作在内的所有项目均应致力于促进两性平等。这意味着推进两性平等是联合国儿童基金会所有工作人员的职责。

(二)联合国人权理事会(UNHRC)

2016 年 6 月 30 日,联合国人权理事会通过了一份名为《防止基于性取向和性别认同的暴力和歧视》的决议(A/HRC/RES/32/2)。决议谴责世界各地因个人性取向或性别认同而实施的暴力和歧视行为;决定任命一名防治基于个人性取向或性别认同的暴力和歧视问题独立专家,任期 3 年。自人权理事会第 35 届会议、大会第 72 届会议起,独立专家每年要向人权理事会和大会提交报告。独立专家的主要任务是评估与性别问题相关的现有国际文书的执行情况;与各国和其他相关利益攸关方进行对话与协商;支持各国消除因个人性取向或性别认同而实施的暴力和歧视。①

(三)联合国教科文组织(UNESCO)

2015 年,联合国教科文组织和联合国女童教育计划组织在妇女地位委员会上共同发布《全民教育全球监测报告》。报告以"成就与挑战"为主题,对国际社会在过去 15 中所取得的成果进行了总结和分析,并就今后的全球教育工作提出一系列详尽的建议。

联合国教科文组织和联合国女童教育计划组织呼吁各国政府将校园性别暴力的预防、保护和问责机制纳入国家政策和行动计划;更好地研究和监测校园性别暴力问题,掌控校园性别暴力在不同国家背景下对学生的影响;教师、卫生工作者、警察、宗教领袖和社会组织需在国家和地方层面相互协作,有效抵制校园性别暴力;在 2015 年后的全球教育议程中,消除校园性别暴力是实现教育公平这一教育目标的重要组成

---

① 参见《防止基于性取向和性别认同的暴力和歧视》(A/HRC/RES/32/2),第 2 页。

部分。

《全球教育监测报告》（原名为《全民教育全球监测报告》）是由联合国教科文组织出版的一份独立编辑、讲求实证的权威年度报告。它是全球跟踪和评论教育的一份独特、全面的权威分析性参考资料。该报告自 2002 年以来共出版 12 期，取得监测和政策分析方面的大量经验，所涉主题从不平等、性别和教学与学习，到冲突、扫盲和幼儿保育和教育，十分宽泛，因而享誉全球。《全球教育监测报告》利用所能得到的最新数据和证据并委托世界各地的一流专家开展广泛研究。报告在 50 多个国家发布，得到专业期刊和社交媒体的大量报道，获得知名度。在出版全文报告的同时，其还编制许多其他相关出版物和在线工具，使不同利益攸关方——例如教师、政策制定者、青年、民间社会组织和捐助者——都能获益于其研究。《全球教育监测报告》还开发了世界教育不平等数据库，目的是使人们关注各国之间和各国国内不同群体之间极其严重的教育不平等问题，为政策制定和公众辩论提供依据。①

三、与其他组织或地区开展试点合作的项目

联合国致力于与其他组织或地区进行合作，以对其方案进行试点探索，同时解决区域性的妇女问题。联合国妇女署与世界女童子军协会（WAGGGS）合作，推出以"反对暴力之声"（Voices against Violence）为主题的全球性非正式教育课程，旨在为青年人提供预防对妇女和女童的暴力行为，同时传授在发生暴力时如何寻求帮助的专门知识。

联合国在亚洲和太平洋区域的联合方案中开展了预防暴力的伙伴计划（Partners for Prevention），旨在通过改变该区域的男孩与成年男性的行为与态度遏制性别暴力的流行，同时提高相关机构的能力并促进政策改善。

自 2015 年以来，会员国、联合国系统各实体和民间社会携手，促进妇女诉诸过渡司法机制取得进展，并更加重视采用以幸存者为本的方

---

① 参见联合国教科文组织官网，https://zh.unesco.org/gem-report/node/2，登录时间：2020 年 2 月 8 日。

法。联合国系统各实体在对性别问题有敏感认识的预警信号和分析方面取得进展,为预防冲突战略提供了依据。政治和建设和平事务部、和平行动部和妇女署根据安全理事会第2242(2015)号决议加强了合作安排,使各实体可利用妇女署和系统其他实体在政治、政策和技术方面的"妇女与和平与安全"专长,为全系统的各项努力提供支持。建设和平委员会于2016年通过了性别平等战略,这为进一步落实"促进妇女参与建设和平"迈出了重要一步。

2020年是联合国成立75周年,《北京宣言和行动纲要》通过25周年,将妇女的参与列为预防和解决冲突工作核心的联合国安全理事会第1325(2000)号决议通过20周年。截至2020年2月,联合国安理会已经通过1325(2000)、1820(2008)、1888(2009)、1889(2009)、1960(2010)、2106(2013)、2122(2013)、2242(2015)、2467(2019)、2493(2019)号等10份专门针对妇女与和平与安全(Women and Peace and Security)的决议,发布多份秘书长报告和安理会主席声明。妇女平权问题与妇女权益保护是妇女和女童享受人权和实现《2030年可持续发展议程》的重要保证,联合国在妇女议题的落实上任重道远。

第三节 相关机构翻译

\multicolumn{3}{c	}{Organizations and Departments}
CEDAW	(the United Nations) Committee on the Elimination of Discrimination against Women	(联合国)消除对妇女歧视委员会
CSW	Commission on the Status of Women	妇女地位委员会
UNESCO	United Nations Educational, Scientific and Cultural Organization	联合国教科文组织
UNHRC	United Nations Human Rights Council	联合国人权理事会
UNICEF	United Nations (International) Children's (Emergency) Fund	联合国儿童基金会

续表

	Important Documents	
CEDAW	*Convention on the Elimination of all Forms of Discrimination against Women*	《消除对妇女一切形式歧视公约》
DEVAW	*Declaration on the Elimination of Violence against Women*	《消除对妇女的暴力行为宣言》
(UN) CRC	*Convention on the Rights of the Child*	《儿童权利公约》
UDHR	*Universal Declaration of Human Rights*	《世界人权宣言》
/	*The Beijing Declaration and Platform for Action*	《北京宣言》和《行动纲要》
/	*The 2030 Agenda for Sustainable Development*	《2030年可持续发展议程》
/	*United Nations Millennium Declaration*	《联合国千年宣言》
	Other Key Expressions	
MDGs	Millennium Development Goals	千年发展目标
SDGs	Sustainable Development Goals	可持续发展目标

第五章　联合国反恐行动

章节导读

★学习目标

● 学习联合国反恐办公室的内部结构及各项职能，以及联合国各个主要反恐机构的职能和工作；

● 了解联合国制定的各项反恐文件；

● 掌握反恐办公室的主要职能，《全球反恐战略》的四大支柱，各项机构、文件等重要名词的英文表达等。

★本章导读

自冷战以来，国际政治格局风云变幻，恐怖活动以各种形式出现在世人面前。自1970年至2017年，世界上有超过1.7万起恐怖事件发生。[1] 美国"9·11"事件成为国际反恐斗争的分水岭。[2] 自此，联合国同世界各国及地区开展反恐工作，那么联合国在反恐工作中做了哪些准备和贡献？联合国反恐办公室又是怎样规划和指导反恐工作的？联合国反恐工作是否做到全球范围内的部署和规划，反恐工作又有哪些分类？本章将从联合国反恐办公室的概况出发，分别对办公室内部结构及联合国设立的反恐机构进行详细介绍，使读者能够清晰地了解联合国的反恐工作，同时与本书其他章节有所关联。

---

[1] Institute for Economic & Peace. Globle Terrorism Index 2018，http://visionofhumanity.org/indexes/terrorism-index/.

[2] 王雪莲："当前国际反恐怖斗争面临的形势与对策"，《北方论丛》2019年第6期，第59—66页。

第一节　联合国反恐怖主义办公室概况

联合国反恐怖主义办公室（简称联合国反恐办公室，UNOCT）于 2017 年 6 月 15 日通过联合国大会第 71/291 号决议成立。弗拉迪米尔·沃龙科（Vladimir Voronkov）被任命为第一任副秘书长。自 2017 年成立以来，联合国反恐办公室一直致力于以最有效的方式在全球、地区和国家层面履行其职责。[1]

联合国反恐办公室按照《联合国宪章》和安理会的有关规定，向联合国秘书长和秘书处在全面实施联合国全球反恐战略方面提供支持和建议。副秘书长是联合国反恐的领导者和决策者，参与联合国的决策过程，以及确保联合国反恐工作的参与和影响。联合国秘书长为加强反恐工作的协调一致性，于 2018 年 12 月发起《联合国全球反恐协调契约》（UN Global Counter-Terrorism Coordination Compact），这是一个由 38 个联合国实体、国际刑警组织（INTERPOL）和世界海关组织（World Customs Organization）共同组成的协调框架。它通过其协调委员会和 8 个专题机构间工作组开展工作，这些工作组在 2019 年 4 月重组，从而为联合国系统的反恐、预防和打击暴力极端主义等导致恐怖主义的工作提供"联合国全面计划"（All-of-UN approach）。

反恐办公室通过联合国反恐中心（UNCCT）和特别项目与创新处（SPIB）向会员国提供大量技术援助和能力建设支持，通过联合国全球反恐战略的四个支柱为世界各国和区域提供援助与支持。

反恐中心自 2012 年 4 月起实施了 80 个项目，目前正在执行 40 个能力建设计划和对 71 个成员国的援助项目。2019 年 1—11 月，反恐中心/反恐办公室在 64 个培训班训练了 2.1 万多人，并且举办了 15 次专

---

[1] "UN Office of Counter-Terrorism". UN website. , May. 2020. https：//www.un.org/counterterrorism/about.

家级别会议和 10 次范围/技术任务。① 能力建设工作重点放在最容易受到恐怖主义威胁的国家和地区，特别是非洲、中东、中亚和南亚。

一、主要职能及其目的

联合反恐行动的治理框架包括：办公室主任（反恐办公室副秘书长担任）、高级管理小组和项目审查委员会。它们各自承担相应的责任：

（1）副秘书长负责办公室的管理和活动。副秘书长同时担任联合国反恐怖主义中心执行主任，以及联合国全球反恐怖主义协调协约的协调委员会主席。

（2）高级管理小组负责所有活动的战略管理和协调，并监测副秘书长的工作执行情况。

（3）项目审查委员会负责监控和确保拟议方案和项目的质量；监测任在进行的项目；终止反恐信托基金资助的已完项目。项目审查委员会提出并向副秘书长建议：联合国全球反恐战略须与联合国大会和安理会的指令，联合国的政策、法律、规则以及反恐办公室的指导方针和标准操作程序保持一致。

| 反恐怖主义办公室有五项主要职能：
（1）领导联合国系统授予秘书长的反恐任务；
（2）加强全球反恐协调契约的实体之间的协调一致性，确保均衡落实《联合国全球反恐战略》的四大支柱；
（3）加强向成员国提供联合国的反恐能力建设援助； | The Office of Counter-Terrorism has five main functions:
(1) Provide leadership on the leadership on the General Assembly Counter-Terrorism mandates entrusted to the Secretary-General from across the UN system;
(2) Enhance coordination and coherence across the Global Counter-Terrorism Coordination Compact entities to ensure the balanced implementation of the four pillars of *the UN Global Counter-Terrorism Strategy*;
(3) Strengthen the delivery of UN counter-terrorism capacity-building assistance to Member States; |

---

① "UN Office of Counter-Terrorism". UN website., May. 2020. https：//www. un. org/counterterrorism/what-we-do.

续表

(4) 提高联合国反恐工作的透明度、宣传和资源动员； (5) 优先重视联合国系统中的反恐工作，将预防暴力极端主义的重要工作牢牢扎根于反恐战略	(4) Improve visibility, advocacy and resource mobilization for UN counter-terrorism efforts; (5) Ensure that due priority is given to counter-terrorism across the UN system and the important work on preventing violent extremism is firmly rooted in the Strategy.

为了完成任务，各会员国要求办公室采取实地行动，并且更加了解行动重点和需求；确保经济资源的可持续性和针对性利用；更好地履行反恐任务，发挥其领导作用，提供武力支持。为了协调联合国反恐工作和提供实地行动的能力建设援助，办公室发展实地行动一般基于两种形式：

（1）计划/项目支持办公室 [Programme/Project Support Offices (PSOs)]：专注于提出实施计划，实施或协助实施在相应地区的能力建设项目和活动，并且专攻相关领域，包括在阿什哈巴德、曼谷、布达佩斯和努瓦克肖特的项目支持办公室。

（2）联络和协调办公室 [Liaison and Coordination Offices (LCOs)]：重点是发展伙伴关系，包括同捐助者、受益者和相关区域的会员国以及其他国际组织、区域和民间社会组织之间的伙伴关系。在布鲁塞尔（Brussels）和达卡（Dhaka）的办公室属于联络和协调办公室。

二、结构组成及其对应职能

联合国反恐怖主义办公室分为5个组织单位，每个单位承担相应的职责，并且每个组织单位作为联合国反恐怖主义办公室的一个重要组成部分，协助办公室执行指令和履行职责	UN Office of Counter-Terrorism is divided into five organizational units and each unit bears corresponding responsibilities, assisting the Office to execute instructions and fulfilling duties as one essential component of UNOCT.

（一）反恐怖主义副秘书长办公室（OUSG）

2017年6月21日，联合国秘书长安东尼奥·古特雷斯任命俄罗斯联邦的弗拉迪米尔·伊万诺维奇·沃龙科夫（Vladimir Ivanovich Voronkov）为在2017年6月15日第71/291号决议联合国大会新设立的联合国反恐怖主义办公室的副秘书长。

副秘书长助理向副秘书长报告事务，副秘书长助理位于主管级别。副秘书长办公室（OUSG）由一名办公室主任领导，办公室主任协助副秘书长履行其职责，办公室由三个部门组成：一是负责前厅和通信业务（front office operations and communications）；二是负责与捐助人间的关系和资源调动（donor relations and resource mobilization）；三是负责联合国反恐委员会执行局（UN Counter-Terrorism Committee Executive Directorate）的诉讼管理和协调。①

（二）联合国反恐怖主义中心（UNCCT）

副秘书长作为联合国反恐中心的执行主管，在执行任务时由办公室主任协助完成，该主任协助副秘书长和副秘书长助理指导和监督有条件现金周转基金的工作。反恐中心作为重要反恐基地，其主要责任是：提供能力建设援助；支持成员国努力打击恐怖主义以及预防和对抗暴力极端主义及与恐怖主义相关的事件；遵从全球反恐战略、联合国大会和安理会的相关决议、反恐中心的未来计划、联合国反恐中心五年计划和反恐中心咨询委员会的指导；通过联合国全面方案与全球契约各实体协调，并通过与各会员国、国际组织、区域和次区域组织、民间社会组织、私营部门、学术机构和智库等相关组织机构建立伙伴关系，以此来履行职责。

随着暴力极端主义和恐怖主义的威胁迅速而广泛地增长，不同类型

---

① "UN Office of Counter-Terrorism". UN website., May. 2020. https：//www. un. org/counterterrorism/office-structure.

的新兴恐怖主义成为联合国反恐行动的目标，如边境安全、网络安全以及大规模杀伤性武器/区域合作网络恐怖主义（WMD/CBRN）。南南合作（South-South cooperation）已经提上日程，恐怖主义严重影响了世界南部国家，南南合作旨在加强各国之间的专业知识交流，意在协助各国建立新型伙伴关系，以应对打击恐怖主义和防止暴力极端主义方面的挑战。联合国反恐中心力图加强和有组织地参与全球、区域和地方性的民间社会组织，重点关注人权、性别和青少年问题。监狱管理和青少年管理是反恐中心工作的一部分。此外，反恐中心打击恐怖主义融资，制定防止暴力极端主义［prevent violent extremism（PVE）］的国家行动计划，提升联合国反恐中心恐怖主义受害者支助方案，向受害者提供政策咨询，提高受害者的发言权和会员国支助受害者和其联盟的能力。支助亚洲项目减少了中亚、南亚和东南亚仇恨组织暴力极端主义的威胁。

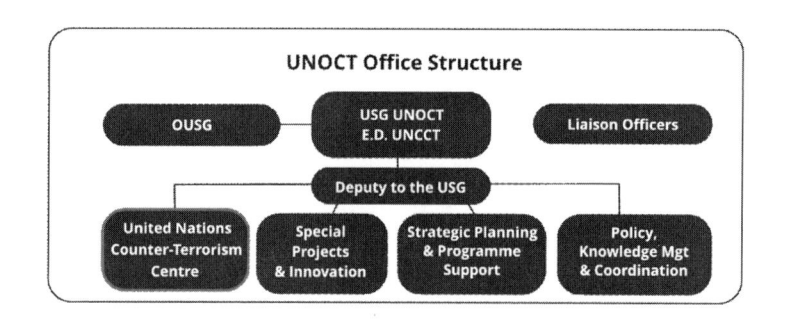

图5—1　联合国反恐怖主义办公室机构

资料来源：联合国官网。

（三）特别计划及创新部门（SPIB）

特别项目和创新部门由部门主任领导。部门负责领导特别技术援助方案的构想、发展和执行工作。该方案指出，需要同其他全球契约实体和联合国反恐中心加强伙伴关系和协调性；发展办公室的快速应对能力，以更好地协助其会员国；建立与私营部门、学术界和其他公共部门组织的伙伴关系；加强与反恐中心在开发、计划和执行创新技术解决方案上的合作，用于预防和打击恐怖主义，例如对重要基础设施和软目标等进行保护，以阻止恐怖主义分子行动。

联合国反恐中心通过议员参与来支持全球各地的议会行动，以打击恐怖主义和防止全面的社会暴力极端主义。反恐中心认识到体育和文化对实现联合国目标有越来越多的贡献。体育方案旨在促进体育事业及其价值观发展，并且成为防止与恐怖主义相关的激进主义和暴力极端主义的重要手段。现在有了更好的阻止恐怖主义分子行动的机会，恐怖主义行动方案加强了会员国侦查、跟踪和阻止恐怖主义分子的行动能力。它标志着整个联合国系统反恐协调性和一致性的加强。

(四) 政策和知识管理与协调部门 (PKMCB)

政策和知识管理与协调部门由部门主任领导。该部门的核心职能包括：提供在国家和区域参与及关键问题上的反恐战略政策的咨询和分析；起草联合国大会和安全理事会授权编写的秘书长协调反恐工作的准备报告；促进反恐和预防暴力极端主义工作的协调性和一致性。

(五) 策略规划及计划支援组 (SPPSS)

策略规划及计划支援组由其主任领导。该部门负责反恐办公室工作的长期战略规划；规划工作优先次序和资源分配；协调联合国的立法、管理和监督机构；拟定反恐办公室的正式预算方案和项目预算；制定风险评估和风险缓解计划；监测评估反恐办公室授权和承担的工作；在联合国安全管理体系下协调反恐办公室与安全安保部的工作；向反恐办公室各组织单位提供人力资源；在政策建议下加强委派授权的管理；支持副秘书长办公室遵守联合国的规则和法规，以及反恐办公室的标准操作程序、指示和指令。

第二节 主要反恐机构

一、大会（GA）授权机构

联合国大会任命了三个反恐怖主义组织，包括联合国反恐怖主义中心（反恐中心）、联合国毒品和犯罪问题办事处（毒品和犯罪问题办事处）以及联合国区域间犯罪和司法研究所（犯罪司法所）	The General Assembly appointed three counter-terrorism organizations, which are: United Nations Counter-Terrorism Centre (UNCCT), United Nations Office on Drugs and Crime (UNODC) and United Nations Interregional Crime and Justice Research Institute (UNICRI).

（一）反恐怖主义中心（反恐中心）

2005年2月，沙特阿拉伯在利雅得（Riyadh）主办了第一届国际反恐怖主义会议，两圣地监护人国王阿卜杜拉·本·阿卜杜勒-阿齐兹·阿勒沙特（Abdullah Bin Abdulaziz Al-Saud，1924—2015年）在会上呼吁国际社会建立一个国际反恐中心。

2006年9月8日，联合国大会以协商一致方式通过了具有里程碑意义的《联合国全球反恐战略》（UN Global Counter-Terrorism Strategy）。在《全球反恐战略》行动计划中，会员国决心采取具体措施打击恐怖主义（第一支柱）；预防和打击恐怖主义（第二支柱）；建设各国预防和打击恐怖主义的能力，并加强联合国系统在这方面的作用（第三支柱）；确保尊重人权和法治，以此作为打击恐怖主义的根本基础（第四支柱）。联合国《全球反恐战略》的第二个支柱中，大会确认：考虑建立一个国际反恐中心作为加强国际反恐斗争努力的一部分	The UN Global Counter-Terrorism Strategy was adopted by the United Nations General Assembly on 8 September 2006. In the plan of Action annexed to the Strategy the Member States resolve to undertake specific measures to counter terrorism (Pillar Ⅰ); to prevent and combat terrorism (Pillar Ⅱ); to build States' capacity to prevent and combat terrorism and to strengthen the role of the UN system in this regard (Pillar Ⅲ); and to ensure the respect for human rights for all the rule of law as the fundamental basis for the fight against terrorism (Pillar Ⅳ).

2011年9月，联合国反恐中心成立，以期促进国际反恐合作，而且沙特阿拉伯政府自愿捐款支持各会员国执行《全球反恐战略》。2011年11月18日，大会支持在联合国秘书处政治和和平建设事务部的联合国全球反恐协调契约（前反恐执行工作队）（UN Global Counter-Terrorism Coordination Compact (former CTITF)）中设立联合国反恐中心，并鼓励会员国与反恐中心进行合作。2012年4月，在联合国反恐中心咨询委员会（Advisory Board）的第一次会议结束后，联合国反恐中心开始运行。2014年8月，沙特阿拉伯向联合国反恐中心捐赠了1亿美元。自反恐中心成立以来，已有30多个国家向联合国反恐中心及其各种反恐工作提供了资金支持。

联合国反恐中心的工作以"五年计划"（5-Year-Programme）（2016—2020年）为指导方案，与联合国《全球反恐战略》"四大支柱"（Four Pillars of the UN Global Counter-Terrorism Strategy）共同指导反恐工作。沙特阿拉伯常驻联合国代表阿卜杜拉·叶海亚·阿勒穆阿利米大使（Abdallah Yahya A. Al-Mouallimi）担任咨询委员会主席，来自咨询委员会的22名成员为反恐中心提供了有用的意见。联合国反恐中心副秘书长弗拉基米尔·沃龙科夫（Vladimir Voronkov）担任反恐中心执行主任。2018年，联合国全球反恐协调契约取代了反恐执行工作队（CTITF）。[1]

表5—1　《全球反恐战略》的"四大支柱"

第一支柱（Pillar Ⅰ）	采取具体措施打击恐怖主义
第二支柱（Pillar Ⅱ）	预防和打击恐怖主义
第三支柱（Pillar Ⅲ）	建设各国预防和打击恐怖主义的能力，并加强联合国系统在这方面的作用
第四支柱（Pillar Ⅳ）	确保法治和尊重人权，以此作为打击恐怖主义的根本基础

---

[1] "UN Office of Counter-Terrorism UN Counter-Terrorism Centre (UNCCT)". UN website., May. 2020. https://www.un.org/counterterrorism/cct/background.

> *The UN Global Counter-Terrorism Strategy* in the form of a resolution and an annexed *Plan of Action* (A/RES/60/288) is composed of 4 pillars, namely:
> 1. Addressing the conditions conducive to the spread of terrorism
> 2. Measures to prevent and combat terrorism
> 3. Measures to build states' capacity to prevent and combat terrorism and to strengthen the role of the United Nations system in that regard
> 4. Measures to ensure respect for human rights for all and the rule of law as the fundamental basis for the fight against terrorism
> "Pillar Ⅰ" includes national PVE action plans, prison management, STRIVE Asia and youth engagement; "Pillar Ⅱ" includes border security, cyber security, countering terrorist financing and WMD/CBRN terrorism; "Pillar Ⅲ" includes South-South cooperation; "Pillar Ⅳ" includes civil society, human rights and victims of terrorism.

资料来源：联合国官网。

（二）毒品和犯罪问题办公室预防处（UNODC）

加达·法蒂·瓦利（Ghada Fathi Waly）自2020年2月1日以来担任联合国维也纳办事处（维也纳办事处，UNOV）/联合国毒品和犯罪问题办公室预防处（毒品和犯罪问题办公室，UNODC）总干事兼执行主任，此前由联合国秘书长任命。

联合国毒品和犯罪问题办公室（毒品和犯罪问题办公室，UNODC）协助全球各国和各区域开展药物滥用预防、药物依赖治疗和护理以及司法改革；打击有组织犯罪和恐怖主义，这些活动都是社会的"不文明"因素，[①] 从而解决"不文明"的腐败和经济犯罪问题。

反恐办公室由两个部分组成：联合国预防犯罪中心（UN Crime Prevention Centre）和联合国药物管制规划署（UN Drug Control Programme）。该办公室下设26个外地办事处，在布鲁塞尔和纽约（New York）设有两个联络处（liaison office）。

布鲁塞尔联络处的工作重点为：（1）促进与欧盟各机构的政策交流和业务伙伴关系，以便共同推进关于法律、国家治理和公共卫生的全

---

① "联合国概况"，联合国新闻部，2014年。

球议程；（2）旨在通过扩大宣传和信息活动，增进对毒品和犯罪问题办公室及其工作领域的了解，并在欧盟、布鲁塞尔智囊团、非政府组织（NGOs）和广大公众中加以推广；（3）支持毒品和犯罪问题办公室预防处总部［UNODC Headquarters（HQs）］及世界各地的外地办事处与欧盟（EU）的关系，并在欧盟的政策、资金规划及合约事宜等多方面提供建议。

纽约联络处的工作重点为：（1）与联合国秘书处、大会委员会、经济及社会理事会（经社理事会）和其他联合国机构交流工作，并且代表联合国反恐办公室在联合国总部对这些机构加以监督，以协调政策和确保毒品和犯罪问题办公室的优先条款广泛纳入联合国政策；代表毒品和犯罪问题办公室的内部机构和其他与毒品和犯罪问题办公室相关任务授权有关的会议，如联合国在阿富汗的行动以及关于与联合国发展工作组（UNDG Working Groups）、艾滋病毒/艾滋病（HIV/AIDS）、联合国改革进程（UN Reform Process）、欧洲人口研究中心（ECPS）、欧共体—欧洲航天局（EC-ESA）等的工作。代表毒品和犯罪问题办公室进行干预；协调各种输入并开展适当的后续活动；在联合国、非政府组织和学术界等发表演讲，以此引起人们对毒品和犯罪问题办公室及其首要目标的兴趣；针对美国民众，制定和执行促进毒品和犯罪问题办公室项目目标和成就的战略；发展和利用与主要常驻代表团、政府间机构、媒体和非政府组织的关系，宣传毒品和犯罪问题办公室的主旨，并为毒品和犯罪问题办公室的举措提供支持；促进并加强与美国政府官员的联系；安排记者招待会，发行毒品和犯罪问题办公室的主要出版物；准备媒体采访和材料。（2）与美国政府机构、私营公司、学术机构、非政府组织、媒体及联合国开发计划署和布雷顿森林机构（Bretton Woods Institutions）等发展和保持伙伴关系；（3）倡导和开展宣传活动，提高全世界对相关问题的认识。①

（三）联合国区域间犯罪和司法研究所（UNICRI）

联合国区域间犯罪和司法研究所（犯罪司法所）根据经济及社会

---

① "UN Office on Drugs and Crime". UN website. May. 2020. https：//www.unodc.org/.

理事会的决议于1968年设立，该决议敦促扩大联合国在预防犯罪和刑事司法方面的活动。该研究所是联合国的一个自治机构，由其托管委员会管理。犯罪司法所的任务为：设计和执行预防和控制犯罪领域的优化政策和行动，推动司法、预防犯罪、安全和法治，以支持和平、人权和可持续发展。

犯罪司法所的工作侧重于2030年可持续发展议程的第16个目标（Goal 16 of the 2030 Agenda for sustainable Development Agenda），该目标的核心是促进和平、公正和包容的社会，消除犯罪和暴力。正义、预防犯罪和法治是消除贫穷和减少不平等的基础，同时可促进经济增长和稳定并保护环境。犯罪司法所支持各国政府和国际社会惩治针对社会和平、发展和政治稳定的犯罪和威胁。犯罪司法所的工作重点为：（1）促进对犯罪相关问题的了解；（2）促进建立公正有效的刑事司法体系；（3）支持遵守国际文件和其他法规；（4）促进国际执法合作和司法协助。

犯罪司法所旨在促进国家自力更生和发展机构能力。为此，犯罪司法所提供了一个一步到位的设施，在预防犯罪和刑事司法问题上提供高水平的专业知识。通过利用面向行动的研究来协助制定和改进其政策和具体的干预方案，以加强技术合作。机构专业人员培训和在职培训是犯罪司法所的活动组成部分。[①]

二、安理会（UNSC）授权机构

联合国安全理事会任命了两个反恐组织，即联合国安全理事会反恐怖主义委员会（反恐委员会，CTC）与"伊黎伊斯兰国"（达伊沙）和"基地"组织制裁委员会（IASC）	The United Nations Security Council has appointed two organizations concerning counter-terrorism, which are the United Nations Security Council Counter-Terrorism Committee (CTC) and ISIL (Da'esh) and Al-Qaida Sanctions Committee (IASC).

---

① "UN Interregional Crime and Justice Institute". UN website. May. 2020. http：//www.unicri.it/institute/.

(一) 反恐怖主义委员会 (反恐委员会, CTC) /反恐怖主义执行局 (反恐执行局, CTC)

自 2018 年 1 月 1 日以来,联合国反恐委员会主席为秘鲁共和国常驻联合国代表古斯塔沃·梅扎夸德拉·韦尔·斯奎兹大使 (Gustavo Meza-Cuadra Velásquez)。反恐委员会根据安全理事会第 1373 (2001) 号决议设立 [Security Council resolution 1373 (2001)],该决议在美国"9·11"恐怖主义袭击后于 2001 年 9 月 28 日一致通过。反恐委员会由安全理事会的 15 个成员国组成,负责监测决议的执行情况,该决议要求实施若干措施以打击恐怖主义行为,加强其在各国、区域及世界各地打击恐怖主义活动的法律和行政能力,包括采取以下步骤:(1) 将资助恐怖主义定为犯罪;迅速冻结恐怖分子的任何资金;(2) 拒绝向恐怖主义团体提供任何形式的财政支持;禁止向恐怖分子提供保护地、物质或支持;(3) 与各国政府共享从事或策划恐怖行为团体的相关信息;(4) 与各国政府合作,调查、侦察、逮捕、引渡和起诉恐怖分子;(5) 要求各国法律将主动或被动协助恐怖分子的行为定为刑事犯罪,并对违法者施以制裁。此外,该决议还呼吁世界各国尽快成为相关国际反恐文件的缔约国。

在 2005 年世界首脑会议上,各国领导人明确谴责一切形式和表现的恐怖主义。此次首脑会议还要求各成员国通过大会进行工作并根据秘书长的建议采取反恐战略。[1]

反恐怖主义委员会执行局 (反恐执行局, CTED) 根据安全理事会第 1535 (2004) 号决议设立,以协助反恐委员会的工作并协调监测该决议执行情况的进程。迈克·勒·康宁斯 (Michle Coninsx) 于 2017 年 12 月 6 日宣誓就任反恐怖主义委员会执行局新任执行主任,并由安东尼奥·古特雷斯秘书长主持就职宣誓。

反恐执行局于 2005 年 9 月完成人员扩招,于 2005 年 12 月正式宣布开始运作。安全理事会将反恐执行局的任务期限延长至 2021 年底。

---

[1] "联合国概况",联合国新闻部,2014 年。

反恐执行局由大约40名工作人员组成，其中有约一半成员为法律专家，负责分析各国提交的在立法起草、资助恐怖主义、边境和海关管制、警察和执法、难民和移民法、贩运军火和海上运输安全等领域的报告。反恐执行局有一名高级人权干事，并且设有两个科：一是评估和技术援助办公室（ATAO），该办公室分成三个地域分组，使专家能分别专攻特定区域；二是行政和信息办公室（AIO），该办公室设有五个技术小组，对特定技术领域的问题和标准进行评估，将这些问题和标准分工给三个分组。这五个技术小组分别处理技术援助；恐怖主义融资；边境管制、武器贩运和执法；一般的法律问题，包括立法、引渡罪犯和法律协助；以及第1373（2001）号决议内关于反恐的人权问题等。办公室还设有质量监控部门，以提高技术质量和改进反恐委员会执行局的文件和公共发言中语言和格式的一致性问题；并设有公共通讯和外联部，以加强外联活动。

几十年来，打击恐怖主义的势力一直是联合国的重要议程。自20世纪70世纪起，反恐委员会一直努力与国际社会共同预防和打击恐怖主义，特别是制定国际反恐法律框架以帮助各国共同打击来自恐怖主义的威胁。[①] 在美国"9·11"恐怖主义袭击后，联合国安理会一致通过打击恐怖主义并为其指明了前进的道路，设立了由安全理事会15个成员国组成的反恐怖主义委员会，以监测各项决议规定的执行情况。反恐委员会的工作得到反恐执行局的支持，反恐执行局实施反恐委员会的政策和决定并对会员国进行评估工作。

反恐委员会打击全球范围的恐怖势力，关注其重点领域。除了打击暴力极端主义、外国恐怖主义军队和资助恐怖主义的行为，反恐委员会还关注男女平等问题以及将与妇女、和平与安全等相关议程纳入打击恐怖主义和暴力极端主义的工作中，包括在打击恐怖主义和暴力极端主义工作中考虑男女平等问题，要求把重点放在受恐怖主义伤害的妇女和女孩，以及参与、协助和支持恐怖主义的妇女上。同样重要的是，强调男女平等不仅包括女性，还包括男性和男子气概。从恐怖主义的受害者的

---

① John Karlsrud. "Towards UN counter-Terrorism Operations?", Published online. Jan. 5 2017.

角度来看，妇女和女孩特别容易受到恐怖主义的伤害，因此需要受到特殊的保护。在冲突局势、流离失所的情况下以及妇女遭受极端主义暴力影响等的其他情况下，应保护妇女的人权。重点关注性暴力和与性别有关的暴力，以及在恐怖主义存在的情况下，性暴力和与性别有关的暴力［sexual and gender-based violence（SGBV）］与非法交易之间的联系。而且，安理会第2331（2016）号和第2388（2017）号决议［Security Council resolutions 2331（2016）and 2388（2017）］重点强调：性别问题还包括与恐怖主义相关的男性受害者。

恐怖主义还对国际和平与安全，以及人权及社会和经济发展构成严重威胁。因此，会员国有义务保障公民安全的基本人权，并且包括采取有效的反恐措施。自安全理事会通过第1456（2003）号决议起，安理会一直申明：各国有义务确保为打击恐怖主义采取一切措施，以上措施需要符合国际法，特别是国际人权法（International Human Rights Law）、难民法（Refugee Law）和国际人道主义法（International Humanitarian Law）等。近日，安理会强调：有效的反恐措施与尊重人权和基本自由以及法治是相辅相成的，这是反恐任务获得成功的重要组成部分。随着反恐执行局的成立，反恐委员会开始采取更具前瞻性的人权政策。

反恐中心要求与联合国人权事务高级专员办事处［人权高专办，UN High Commissioner for Human Rights（OHCHR）］以及人权专家进行联络。2006年5月，反恐委员会通过了反恐执行局的人权政策指南。反恐委员会和反恐执行局在例行公事时需考虑到相关的人权问题，包括与会员国间的访问和其他互动等事务。在处理煽动实施恐怖活动的问题上，安全理事会第1624（2005）号决议强调：各国必须确保为执行该决议承担采取任何符合国际法的措施的义务。根据安全理事会第1805（2008）号决议，反恐执行局设立了一个内部工作组以处理煽动实施恐怖活动的问题和反恐怖主义相关的人权问题。内部工作组的主要任务是：加强反恐执行局的工作人员在人权问题上的专门知识；制定解决人权问题的方法；为反恐委员会考虑如何更有效地鼓励会员国履行在相应领域的国际义务。

安理会在第2129（2013）号决议中鼓励反恐执行局扩展活动，从而公平一致地处理第反恐工作的执行问题，包括酌情处理经受访会员国同意的国别访问和技术援助"。反恐执行局在调查全球会员国执行反恐人权问题的情况时，应关注与执行各种与反恐相关的人权问题。例如，反恐委员会注意到：一些国家提出或颁布了偏离标准的刑事或行政程序的特殊措施，包括延长调查或审前羁押期限，还有限制与律师的接触。反恐执行局还注意到：联合国人权机制担忧这些国家的法律不符合各会员国的国际人权义务。

有效的边界安全（Effective Border Security）是执行安全理事会第1373（2001）号决议［Security Council resolution 1373 (2001)］的关键。边界安全是防止恐怖主义分子跨境转移货物和非法转运货物的第一道防线。维持海上、陆地和航空安全对许多会员国来说极具挑战性。陆地边界十分长且易被侵占还难以监控，还包括缺乏财政和人力资源、设备和专门技能或缺乏国家内部和国家间合作的挑战。来自外国恐怖主义军队的威胁增加了会员国和国际社会加强边界安全和防止外国恐怖主义军队转移的压力。最近一项分析表示，许多国家已采取加强边界安全和防止外国恐怖主义军队跨境的措施，包括：没收护照、规定过境签证的要求，以及利用国际刑事警察组织（简称国际刑警组织，INTERPOL）的数据库筛选出潜在的外国恐怖主义军队［Foreign Terrorist Fighters (FTFs)］。另一个加强边境安全的重要工具是预报旅客信息［Advance Passenger Information (API)］。防止恐怖主义或恐怖主义团体跨境的其他方法包括：加强对签发身证和旅行证件的管制，并采取措施制止伪造、仿造或使用违法身份证和旅行证件。然而，许多国家缺乏明确的政策和措施以确保身份证和旅行证件签发过程的安全和完整，并且许多国家尚未在机场和其他过境点实施对旅客进行有效筛查的安全措施。国家过境点之间的空间很难控制，因为这些空间往往很长且是开放的空间或复杂的地形，这就构成恐怖分子跨境和发动袭击的风险，加之一些国家缺乏安全设备和经过专业训练的边境安全人员，因此国家面临的风险大大增加。

协调边境管理战略［Coordinated Border Management (CBM) Strategies］要求边境的当局之间进行密切协调，事实证明，这对有效且高效管理国家边界的非常重要。确保有效的边界安全是任何全面国家反恐战略的组成部分,确保边界安全需要各国和有关的国际和区域组织采取集体行动。反恐委员会和反恐执行局协助各国确定和交流确保边界安全的有效方法,提供技术援助和财政支助,以确保各国能执行安理会的相关决议和反恐委员会的相关建议。

  信息和通信技术［Information and Communications Technologies（ICT）］以及国际、区域和次区域合作也由反恐执行局进行。信息和通信技术（ICT）的工作是解决恐怖分子和恐怖组织滥用信息和通信技术的问题。此外,会员国的执法机构必须不断适应过去10年来在规模和复杂性上显著演变的全球恐怖主义的威胁。当前的恐怖主义威胁突出表现在通信技术、更大的恐怖主义流动、各国内滋生的恐怖主义以及独立或小型的恐怖主义活动等方面。有效的跨界合作国家间的协调和合作成为努力对抗恐怖势力的重要组成部分。因此,反恐执行局建立了国家协调机制。为应对当前的恐怖主义环境,各国越来越多地将情报工作纳入执法行动。为了将恐怖分子绳之以法,执法机构必须通过刑事调查进行控诉将案件提交法庭。这就需要专业的调查能力以及调查人员和检察官之间的密切合作。反恐执行局确定调查人员在犯罪现场进行管理、法医分析、证据收集和综合分析等技术援助,来促进密切合作。反恐执行局还致力于探明新型恐怖主义趋势,以帮助执法机构制定有效的行动对策和战略。此外,安全理事会第1373（2001）号决议［Security Council Resolution 1373（2001）］的通过,为国际反恐怖主义法带来了一个重要的新局面,决议要求所有会员国将与恐怖主义有关的各种行为以及资助或计划恐怖主义行动定为犯罪,决议强调必须通过有效的刑事定罪将恐怖主义分子绳之以法,并通过施以惩罚来反映这种行为的严重性。反恐执行局的法律专家帮助各国确保其措施遵从相关法律,包括人权,并通过与法律专家在工作小组中和研讨会上密切合作以支持国际刑事司法体系。[①] 反恐执行局的工作任务如表5—2所示:

[①] "UN Counter-Terrorism Committee". UN website. May. 2020. https：//www.un.org/sc/ctc/.

表5—2 联合国反恐执行局（CTED）的工作任务

(1)	增强对恐怖主义受害者的支持
(2)	与议员合作，确保一个针对法律问题的统一方案
(3)	探明最优的实践计划和有效的技术、财务、管制和立法援助方案，增强技术援助的提供，包括在法律事务方面的援助
(4)	促进对国际、区域和次区域组织的援助计划间的协同作用
(5)	充当潜在赞助者与受惠人之间的中介。反恐执行局同时保存了一个在线援助提供者目录

CTED (1) facilitates support to victims of terrorism;
(2) works with parliamentarians to ensure a holistic approach to legal issues;
(3) and facilitates delivery of technical assistance, including in legal matters, by identifying best practices and effective technical, financial, regulatory, and legislative assistance programmes;
(4) promoting synergies between the assistance pogrammes of international, regional, and subregional organizations;
(5) and serving as an intermediary between potential donors and recipients. CTED also maintains an online directory of assistance providers.

资料来源：联合国官网。

（二）"伊黎伊斯兰国"（达伊沙）和"基地"组织制裁委员会（IASC）

"伊黎伊斯兰国"（达伊沙）和"基地"组织制裁委员会（IASC）由安理会的15个成员国组成，通过协商一致原则做决定。委员会现任主席迪安·特里安西亚·贾尼（Dian Triansyah Djani，印度尼西亚）担任主席至2020年12月31日结束任期。在2020年，委员会的两位副主席分别来自俄罗斯联邦的圣文森特（Saint Vincent）和格林纳丁斯（the Grenadines）。委员会编写活动的年度报告，对其工作的执行具有指导方针。委员会的正式和非正式会议在《联合国日刊》（*The Journal of the United Nations*）上公布。根据与"伊黎伊斯兰国"（达伊沙）、"基地"组织和塔利班及其有关人员和实体相关的第1526（2004）号和第2253

(2015) 号决议 [Resolutions 1526 (2004) and 2253 (2015)] 可以看出，委员会的工作得到分析支持和制裁监测小组 (Sanctions Monitoring Team，简称监测小组，the Monitoring Team 的支持。[1] 委员会的工作任务如表 5—3 所示：

表5—3 "伊黎伊斯兰国"（达伊沙）和"基地"组织制裁
委员会 (IASC) 的工作任务

（1）	监督制裁措施的执行情况
（2）	指定符合有关决议所列清单标准的个人和实体
（3）	审议并决定免除制裁措施的通知和请求
（4）	考虑并决定是否应要求删除"伊黎伊斯兰国"（达伊沙）和"基地"组织制裁名单上的项目
（5）	对"伊黎伊斯兰国"（达伊沙）和"基地"组织制裁名单的条目进行定期和专门的审查
（6）	审查监测小组的报告
（7）	每年向安全部门报告制裁措施的执行情况
（8）	开展外联活动

The Committee is mandated to: (1) oversee the implementation of the sanctions measures;
(2) designate individuals and entities who meet the listing criteria set out in the relevant resolutions;
(3) consider and decide upon notifications and requests for exemptions from the sanctions measures;
(4) consider and decide upon requests to remove of the entries on the ISIL (Da'esh) & Al-Qaida Sanctions List;
(5) conduct periodic and specialized reviews of the entries on the ISIL (Da'esh) & Al-Qaida Sanctions List;
(6) examine the reports presented by the Monitoring Team;
(7) report annually to the Security on the implementation of the sanctions measures;
(8) conduct outreach activities.

资料来源：联合国官网。

---

[1] "联合国安全理事会制裁委员会"，联合国官网，2020 年 5 月，https://www.un.org/securitycouncil/zh/sanctions/1267。

"伊黎伊斯兰国"（达伊沙）和"基地"组织制裁委员会（IASC）最初是根据第1267（1999）号决议［Resolution 1267（1999）］成立的，该决议对塔利班实行有限的空中禁运和资产冻结。随着时间的推移，该制度逐渐演变，对指定的个人或实体实行有针对性的资产冻结、旅行禁令和武器禁运。还实行了资产冻结和旅行禁令的豁免，特别是通过设立民政监察员办公室（the Office of the Ombudsperson），改善了登记和注销程序的公正性和明确性。

要求各国就"伊黎伊斯兰国"（达伊沙）和"基地"组织以及其他相关人员、组织、企业和实体采取上述措施，这些措施被列在"伊黎伊斯兰国"（达伊沙）和"基地"组织制裁名单上（简称"达伊沙基地组织制裁名单"）［the ISIL（Da'esh）and Al-Qaida Sanctions List（hereafter "ISIL（Da'esh）& Al-Qaida Sanctions List"）］。

以下是对上述制裁措施的具体说明：	There are concrete descriptions of these sanctions measures mentioned above.
资产冻结是指所有国家必须立即冻结指定的个人或实体的资金和其他资产或经济来源	Assets freeze means all states required to freeze without delay the funds and other financial assets or economic resources of designated individuals and entities.
旅行禁运指所有国家都必须防止指定的个人通过恐怖分子进入各国或过境	Travel embargo means all states are required to prevent the entry into or transit through their terrorists by designated individuals.
武器禁运指所有国家都必须防止恐怖分子或由本国国民在从恐怖分子直接或间接供应、出售和转让武器，或向指定的个人或实体提供各国的旗帜船舶、飞机、武器及相关材料的磁带、备件、技术建议、协助或军事培训	Arms embargo means all states are required to prevent the direct or indirect supply, sale and transfer from their terrorists or by their nationals outside their terrorists, or using their flag vessels or aircraft, of arms and related material of all tapes, spare parts, and technical advice, assistance, or training related to military activities, to designated individuals and entities.

第三节　联合国反恐重要文件

无论是以政治手段还是以法律手段，反恐怖主义一直是联合国的一项义务。许多联合国人员致力于反恐斗争，在维护世界和平、捍卫人权、追求发展的过程中，为履行职责献出宝贵生命。

1963年以来，国际社会制定了19项防止恐怖主义行为的国际法律文书。这些文书是在联合国和国际原子能机构的主持下拟定的，并向所有会员国开放参与。

一、《联合国全球反恐战略》（2006年9月8日）

2006年9月8日，联合国全球大会一致通过《联合国全球反恐战略》。该战略是加强国家、区域和国际的反恐力量的唯一的全球性举措。联合国大会每两年对该战略进行一次审查，使其成为一份与各会员国的反恐优先事项相协调的活文件。该战略不仅表明了一切形式的恐怖主义都是不可接受的，而且决心采取切实可行的措施来防止和打击恐怖主义。这些措施包括从加强国家应对恐怖主义威胁的能力到更好地协调联合国系统的反恐活动等一系列措施。①

二、《防止暴力极端主义行为计划》（2016年1月）

"伊黎伊斯兰国"和"基地"组织、"博科圣地"（Boko Haram）等恐怖组织让我们了解到暴力恐怖主义的巨大威胁，从而引起如何应对恐怖主义威胁的辩论。恐怖组织无法容忍不同宗教、文化和社会的存在，对世界各地的宗教造成严重冲击。这些组织非法占领领土并利用社交媒体实时传播他们的残暴罪行，试图挑战人类的共同价值观，破坏和

---

① "UN Office of Counter-Terrorism". UN website. May. 2020. https：//www. un. org/counterterrorism/international-legal-instruments.

打击和平、正义和人类的尊严。① 2016年1月15日，联合国秘书长向联合国大会提交了一份关于"预防暴力极端主义行动计划"，并于2016年2月12日获得通过。决议提到："接受秘书长的倡议并纳入'预防暴力极端主义行动计划'。"② 大会决定：2016年6月，《全球反恐战略》进行审议时以及在其他相关论坛上进一步考虑"预防暴力极端主义行动计划"。关于"预防暴力极端主义行动计划"的一般性辩论于2月16日结束。

由联合国秘书长于2016年提出的"行动计划"要求采取综合措施，不仅包括以安全为基础的基本反恐措施，还包括有系统的预防措施，以避免个人激进化并加入极端主义组织。在第五年度和第六年度的联合国全球反恐战略的决议中，大会鼓励各成员国考虑采取"行动计划"的相关建议并发展国家或区域行动计划。

该计划呼吁国际社会采取一致行动。它向成员国和联合国系统提供了70多条建议，以防止暴力极端主义进一步蔓延。此外，"行动计划"与联合国秘书长给大会主席的一封信相关联，秘书长提出一个"联合国全面计划"（"All-of-UN" Approach），通过联合国总部和现场支持各个国家，与全世界共同预防暴力极端主义和协助发展中国家成员国制定"行动计划"。该计划是以联合国大会和安理会高级会议的成果、与会员国互动简报，以及国际会议和区域会议的成果为基础，通过联合国机构间进程制定的。③

---

① "联合国概况"，联合国新闻部，2014年。

② On 12 February 2016, the General Assembly adopted a resolution that "welcomes the initiative by the Secretary-General, and takes note of his Plan of Action to Prevent Violent Extremism". The General Assembly decided to "give further consideration to the Plan of Action to prevent Violent Extremism beginning in the Global Counter-Terrorism Strategy review in June 2016 as well as in other relevant forums".

③ "UN Office of Counter-Terrorism". UN website. May. 2020. https：//www. un. org/counterterrorism/plan-of-action-to-prevent-violent-extremism.

三、其他国际反恐文件

这一节概述了 19 项关于反恐的通用法律文件及其补充文件。[①][②]

（一）涉及恐怖行为资助的反恐文件

《制止向恐怖主义提供资助的国际公约》（1999 年）：该公约规定：要求缔约国各方采取直接或间接措施，预防和阻止那些声称有慈善、社会或文化目标的团体或从事毒品贩运或枪支走私等非法活动的团体资助恐怖主义分子；缔约各国承诺追究资助恐怖主义分子的个人或团体的刑事、民事或行政责任；查明、冻结和没收对恐怖主义的资助金，以及剥夺与其他国家共有的资助金。银行保密不再被视为拒绝合作的理由	1999 International Convention for the Suppression of the Financing of Terrorism：

（二）涉及民用航空及海上航行的反恐文件

关于民用航空的反恐文件： (1)《关于在航空器内犯罪和其他某些行为的公约》（1963 年，东京）：该公约提到各种影响航空安全的行为；授予机长在必要时为保护航空器的安全，对违反航空安全的人或嫌疑人施加合理措施（包括约束）等的权力；要求缔约国收押违规者，并将飞机的控制权交还给合法机长	Instruments regarding civil aviation： (1) 1963 Convention on Offenses and Certain Other Acts Committed On Board Aircraft

---

① "UN Office of Counter-Terrorism". UN website. May. 2020. https：//www. un. org/counterterrorism/international-legal-instruments.

② "联合国概况"，联合国新闻部，2014 年。

续表

(2)《关于制止非法劫持航空器的公约》(1970年,海牙) 该公约规定:飞机上任何人"通过武力、威胁或任何其他形式的恐吓行为,进行非法夺取飞机的控制器或行驶飞机及任何类似的企图都将构成犯罪;要求缔约国将劫机行为定为"严重惩罚";拘留罪犯的各缔约国需引渡罪犯并起诉;还要求各缔约国根据公约在刑事诉讼上相互协助	(2) 1970 Convention for the Suppression of Unlawful Seizure of aircraft
(3)《制止危害公民安全的非法行为的公约》(1971年) 该公约规定:任何人对飞机上的人施以非法故意暴力并危害到航空安全,则构成犯罪;在飞机上放置爆炸装置或企图采取上述行动,则构成犯罪;实施或者企图实施违法行为的从犯,构成犯罪 此外,要求公约缔约方将违法行为定为"严重惩罚";并要求拘留罪犯的缔约方引渡罪犯或进行起诉	(3) 1971 Convention for the Suppression of Unlawful Acts against Safety of Civil
(4)《制止在为国际民用航空服务的机场上的非法暴力行为的议定书》(蒙特利尔,1988年): 将《蒙特利尔公约》扩大到包括在国际民用航空机场发生的恐怖主义行动	(4) 1988 Protocol for the Suppression of Unlawful Acts of Violence at Airports Serving International Civil Aviation, supplementary to the Convention for the Suppression of Unlawful Acts against the Safety of Civil Aviation
(5)《制止与国际民用航空有关的非法行为的公约》(2010年): 该公约规定:利用民用飞机作为武器造成伤害或损害的行为,构成犯罪;利用民用飞机发射生物或化学武器及其核武器或类似物质从而造	(5) 2010 Convention on the Suppression of Unlawful Acts Relating to International Civil Aviation

续表

成人员死亡或伤害和破坏的行为，或利用这些物质攻击民用飞机的行为，则构成犯罪；非法运输硼碳氮（BCN）武器或相关物质的行为，构成犯罪；网络攻击飞机导航设备，构成犯罪；有效威胁行为视为违法；合谋犯罪或与之相当的罪，视为违法	
（6）《制止非法劫持航空器公约的补充议定书》（2010）：该议定书补充:《制止非法劫机的公约》将其范围扩大到包括各种形式的航空器，包括使用现代技术手段；并且将与《北京公约》中有关威胁或合谋犯罪的各项条款相合并	(6) 2010 Protocol Supplementary to the Convention for the Suppression of Unlawful Seizure of Aircraft
（7）《修正违反航空安全及相关违法行为公约的议定书》（2014）	(7) 2014 Protocol to Amend the Convention on Offenses and Certain Acts Committed on Board Aircraft
关于海上航行的反恐文件：	Instruments regarding the maritime navigation：
（1）《制止危及海上航行安全非法行为公约》（罗马，1988年）：该公约建立了适用于危害国际海上航行安全的行为的法律制度，此制度与国际航空建立的制度相似：规定将任何人非法和故意通过武力、威胁或恐吓的行为来夺取对船只的控制和行驶船只视为犯罪，包括对船上的人实施暴力并可能危及航行安全的行为；在船上放置破坏性装置或物质；以及其他任何危害到航行安全的行为等	(1) 1988 Convention for the Suppression of Unlawful Acts against the Safety of Maritime Navigation： Instruments regarding the maritime navigation：
（2）《制止危及海上航行安全非法行为公约的议定书》（2005）：规定：通过船只来促进恐怖主义的行为视为犯罪；明知进一步实施恐	(2) 2005 Protocol to the Convention for the Suppression of Unlawful Acts against the Safety of Maritime Navigation

续表

怖主义行为会造成或威胁造成死亡，重伤和破坏还要船运物品的行为视为刑事犯罪；船上运送恐怖主义分子的行为视为刑事犯罪；传介控船程序的行为等都视为违反《公约》的规定	
（3）《制止危及大陆架固定平台安全非法行为拟议定书》（罗马，1988年）： 该议定书建立了适用于针对违反大陆架固定平台安全的行为的法律制度，与针对违反国际航空的制度相似	(3) 1988 Protocol for the Suppression of Unlawful Acts Against the Safety of Fixed Platforms Located on the Continental Shelf
（4）《制止危及大陆架固定平台安全非法行为拟议定书的议定书》（2005）： 该议定书增加：将《制止危害海上航行安全的非法行为公约》的修改适用于针对大陆架固定平台安全的文件	(4) 2005 Protocol to the Protocol for the Suppression of Unlawful Acts Against the Safety of Fixed Platforms located on the Continental Shelf

（三）涉及劫持人质及保护国际组织工作人员的反恐文件

关于劫持人质的反恐文件： 《反对劫持人质国际公约》（纽约，1979年） 该公约规定：任何逮捕或扣押人质并杀害或伤害或者继续扣押人质的行为，以达到压迫第三方如国家、国际政府间组织、自然人、法人或一群人的目的，任何拒绝释放人质的行为都违反了此公约的规定	Instruments regarding the taking of hostages and the protection of international staff: 1979 International Convention against the Taking of Hostages

续表

关于保护国际组织工作人员的反恐文书： 《关于防止和惩处侵害应受国际保护人员包括外交代表的罪行的公约》（纽约，1973年）： 该公约将"受保护的国际人员"定义为：在外国有权受到特别保护的国家元首、外交部长、国家或国际组织的官方代表或官员及他们的家人 该公约规定各方实行定罪并制定惩罚，即考虑犯罪本质的严重性处以适当处罚，包括国际谋杀和国际绑架或对受保护的国际人员人身及其自由的袭击，对前官方人员及其私人住所或交通工具的暴力袭击和伤害，进行暴力袭击的企图和威胁以及参与袭击的共犯行为，都构成犯罪	Instrument regarding the protection of international staff: 1973 Convention on the Prevention and Punishment of Crimes Against Internationally Protected Persons

（四）涉及爆炸性武器（包括核武器）和恐怖性轰炸的反恐文件

关于恐怖性爆炸的反恐文件： 《关于在可塑炸药中添加识别剂以便侦测的公约》（蒙特利尔，1991年）： 该公约用于控制和限制未标记和无法探测的塑胶炸药的使用；签署公约的各方有义务在各自的领土内确保有效控制未标记的塑胶炸药，即不含条约中技术附件中所述的任何一种检测试剂；此外，各方必须采取必要且有效的措施以禁止和防止制造未标记的塑胶炸药；防止未标记的塑胶炸药在各国流通；严格且有效地管制在公约生效之前制造或进口的未标记炸药的占有和转让；确保在3年内销毁、消耗、标记未标记的塑胶炸药或使其永久失效且不被任何军方和警方占有；采取必要措施以保证	Instrument regarding the terrorist bombing: 1991 Convention on the Marking of Plastic Explosives for the Purpose of Detection Instrument regarding nuclear terrorism:

续表

在15年内销毁无标记炸药或使其永久失效；确保公约在各国生效之日起尽快销毁所有未标记炸药	
关于爆炸性武器（包括核武器）的反恐文件：《制止核恐怖主义行为国际公约》（2005年）： 该公约包含了一系列关于反核恐怖主义的行为和可能目标，包括核能和核反应堆；罪犯和共犯的威胁和企图；引渡或起诉罪犯和共犯；鼓励各国共同合作以预防恐怖主义袭击，通过在刑事调查和引渡程序方面进行信息共享并相互协助；并且处理危机局势（协助各国解决危机局势）和危机后局势［通过国际原子能机构（IAEA）将核材料处理安全］	*2005 International Convention for the Suppression of Acts of Nuclear Terrorism*

第六章 联合国和平使者

章节导读

★学习目标
- 了解联合国和平使者的使命和精神；
- 认识全球范围内的各种发展和不平衡问题，思考各种发展问题的发展方向和前景。

★本章导读

联合国的和平使者都是从艺术、文学、音乐和体育领域精挑细选的杰出人士，他们同意协助联合国将全球的注意力集中到联合国的工作上来。在秘书长授予的全球公民的最高荣誉的支持下，这些杰出人士自愿献出他们的时间、才干和热情，以期提高人们对联合国改善世界各地数十亿人民生活的努力的认识。本章将结合五名现任和平使者的人生经历介绍他们在不同领域做出的贡献。

第一节 马拉拉·优素福扎伊与女童教育

优质教育是提高人民生活水平和促进可持续发展的基础。全世界在增加接受各级教育机会和提高入学率，尤其是妇女和女童入学率方面，已经取得重大进展，实现了男女儿童初等教育平等。然而，只有少数国家在各级教育中实现了这一目标，仍有 5700 万名儿童处于失学状态。为实现全民教育目标，必须采取更加大胆的行动。2015 年 9 月，在一次具有历史意义的联合国首脑会议上，世界各国领导人通过了17项可持续发展目标，这些目标旨在调动各种力量消除一切形式贫穷，打击不平等现象并解决气候变化问题。目标4旨在确保为所有人提供包容的优质教育，让全民终身享有学习机会。目标4的具体目标包括到2030年消除教育上的性别不平等。[①]

作为一位率真的社会活动家和教育家的女儿，尤萨法扎伊（Malala Yousafzai）是一名优秀的学生。她的父亲在明戈拉市创办了胡沙尔女子高中和大学（Khushal Girls High School and College），并管理着她就读的学校，他鼓励她追随父亲的道路。2007年，曾经的度假胜地斯瓦特山谷被塔利班入侵，该组织在毛拉·法兹鲁拉（Maulana Fazlullah，塔利班的头目）的领导下，实施严格的伊斯兰法律，摧毁或关闭女子学校，禁止妇女在社会中发挥任何积极作用，并实施自杀式爆炸袭击。尤萨法扎伊和她的父亲为了一家人的安全，逃离了该地区，但在暴力的紧张局势缓解后，他们又返回该地区。2008年9月1日，在尤萨法扎伊11岁的时候，她的父亲把她带到白沙瓦（Peshawar）当地的一家社团，抗议学校停课，她也在此发表了她的第一次演讲——"塔利班怎敢剥夺我受教育的基本权利？"2009年初，尤萨法扎伊开始为英国广播公司（BBC）撰写博客，讲述她在塔利班要剥夺她受教育权利的威胁下的生活。为了隐藏自己的身份，她使用古尔·马凯（Gul Makai）这个名字。然而，同年12月，她被曝光是BBC的博主。2009年2月，尤萨法扎伊首次在电视上露面，当时她在巴基斯坦时事节目《首都谈话》（Capital Talk）中接受了巴基斯坦记者及脱口秀主持人哈米德·米尔（Hamid Mir）的采访。2月下旬，塔利班为了回应巴基斯坦全国人民日益高涨的反对该组织的情绪，同意停火，并取消了对女孩的限制，允许她们上学，但条件是必须穿长袍。然而，就在几个月后的5月，暴力事件再次发生，尤萨法扎伊一家被迫到斯瓦特（Swat）以外的地方寻求庇护，直到巴基斯坦军队将塔利班赶了出去。2009年初，《纽约时报》（New York Times）记者亚当·埃利克（Adam Ellick）与尤萨法扎伊合作制作

---

① "UN Messenger of Peace". UN website. May 2020. https://www.un.org/en/isotope-articles/9180/780.

了一部时长 13 分钟的名为《下课》（Class Dismissed）的纪录片，讲述的是学校停课的事情。埃利克还与她一起制作了第二部电影，名为《女学生的奥德赛》（A Schoolgirl's Odyssey）。那年夏天，她会见了美国驻阿富汗和巴基斯坦特使理查德·霍尔布鲁克（Richard Holbrooke），并请求他为其提帮助以努力保护巴基斯坦的女童教育。随着公共平台的不断扩大，尤萨法扎伊继续为自己应有的权利发声，为所有女性受教育的权利发声。她的积极行动使她获得 2011 年国际儿童和平奖的提名。同年，她被授予巴基斯坦国家青年和平奖（后更名为国家马拉拉和平奖）。尤萨法扎伊和她的家人得知，由于她的激进主义，塔利班对她发出死亡威胁。尽管尤萨法扎伊担心她的父亲——一位反塔利班人士——的安全，但她和家人最初还认为这个激进组织不会伤害孩子。2012 年 10 月 9 日，尤萨法扎伊在和朋友们从学校回家的公交车上被塔利班的一名枪手击中头部。法兹鲁拉和塔利班声称对谋杀她的企图负责。她在袭击中幸存下来，并从帕萨瓦被空运到英国伯明翰（Birmingham）接受手术。这一事件引发了民众抗议，她的目标在世界各地得到响应，其中就包括联合国全球教育特使戈登·布朗（Gordon Brown），他发起一项请愿，呼吁全世界所有儿童在 2015 年前重返校园。那次请愿促使巴基斯坦批准了第一个教育权利法案。2012 年 12 月，巴基斯坦总统阿西夫·阿里·扎尔达里（Asif Ali Zardari）宣布启动一个 1000 万美元的教育基金，以表彰尤萨法扎伊。大约在同一时间，"生命之声全球伙伴关系"成立了马拉拉基金，支持全世界所有女孩接受教育。2013 年 7 月 12 日，也就是她 16 岁生日那天，她第一次公开亮相，并在纽约市的联合国大会上向 500 名观众发表了演讲。2013 年，尤萨法扎伊获得每五年颁发一次的联合国人权奖（United Nations Human Rights Prize）。2013 年，她被评为《时代》杂志最具影响力人物之一，并成为该杂志七个封面人物之一。2013 年，尤萨法扎伊与《星期日泰晤士报》（Foreign Correspondent for the Sunday Times）驻外记者克里斯蒂娜·兰姆（Christina Lamb）合著了回忆录《我是马拉拉：那个为教育挺身而出，却被塔利班枪杀的女孩》（I Am Malala: The Girl Who Stood Up for Education and Was Shot by the Taliban）。她还撰写了一本以她的童年为背景的图画书《马拉拉的神奇铅笔》(*Malala's Magic Pencil 2007*)。① 2014年,她成为获得自由勋章的最年轻的人,该勋章由费城国家宪法中心颁发给全世界为人民自由而奋斗的公众人物。尤萨法扎伊于2013年获得诺贝尔和平奖提名,但那一年她未能进入此列。2014年,尤萨法扎伊获得诺贝尔和平奖,成为最年轻的诺贝尔奖得主。获奖后,尤萨法扎伊继续在英国上学,同时利用她不断提高的公众形象和影响力,继续吸引全世界对人权问题的关注。2005年7月,在马拉拉基金的支持下,她在黎巴嫩开办了一所女子学校,接收来自叙利亚内战的难民。她在《我们流离失所》(*We Are Displaced 2019*)② 中讨论了与难民的工作以及她自己流离失所的问题。③④

第二节 史蒂夫·旺德与残疾人权益

世界上大约有15%的人口有身体缺陷、心理缺陷、智力缺陷或感官缺陷,其中80%的人在发展中国家。残疾人士通常不被社会主流所接受。他们受歧视的形式多种多样,从没有接受教育或工作的机会到通过设置身体和社会壁垒隔离和孤立残疾人士。要改变对残疾的理解和看法就必须改变社会各级的价值观,增进社会各级的理解和认知。⑤

---

① "*Malala's Magic Pencil*": Yousafzai published a children's picture book about her life in October 2017. *Malala's Magic Pencil* introduces her childhood in Pakistan through a well-known TV show where a young boy uses his magic pencil to help people. In the book, the magic pencil instructs readers how to make the world a better place. "My voice became so powerful that the dangerous men tried to silence me, but they failed," Yousafzai writes.

② "*We Are Displaced*": Published in 2018, We Are Displaced: My Journey and Stories from Refugee Girls Around the World explores Yousafzai's Story as well as the stories of girls she met in her travels to refugee camps in Colombia, Guatemala, Syria and Yemen.

③ Malala Yousafzai. "*Nobel Lecture.*" The Nobel Prizes 2014-12-10.

④ Tharanga Yakupitiyaga. "*Malala Yousafzai Becomes UN's Youngest Messenger of Peace.*" Inter Press Service (IPS). Apr. 10 2017. May 2020. http://www.ipsnews.net/2017/04/malala-yousafzai-becomes-uns-youngest-messenger-of-peace/. Biography.com Editors. "Malala Yousafzai Biography." A&E Television Networks. Apr. 2 2014. May 2020. https://www.biography.com/activist/malala-yousafzai.

⑤ "UN Messenger of Peace". UN website. May 2020. https://www.un.org/en/isotope-articles/9180/780.

自建立之初，联合国一直致力于建立平等待遇和平等获得服务的标准。2006 年，《残疾人权利公约》(the Convention on the Rights of Persons) 正式通过，为全世界所有残疾人士设立了国际人权标准。

和平使者史蒂夫·旺德（Stevie Wonder）的长期事业反映出他对人道主义问题的关切。作为格莱美奖（Grammy Award）得主，旺德曾为慈善机构创作、出品歌曲或演唱，支持消除残疾人、艾滋病、癌症、糖尿病、饥饿和无家可归的不平等待遇与消除家庭暴力等。

他的行动主义一直以来在美国和全世界的活动中都发挥了关键作用。1983 年，他牵头发起一项活动将马丁·路德·金纪念日设为美国国定假日。此外，他还呼吁消除南非的种族隔离现象。

旺德对美国总统残疾人雇佣委员会、儿童糖尿病基金会和美国青少年盲人组织贡献的慈善力量，以及创办的旺德视野奖项目为他赢得广泛认同。2009 年，旺德被任命为和平使者，主要关注残疾人士。一直以来，他呼吁通过世界知识产权组织的《关于为盲人、视力障碍者或其他印刷品阅读障碍者获得已出版作品提供便利的马拉喀什条约》(the WIPO Marrakesh Treaty to Facilitate Access to Published Works for Persons Who are Blind, Visually Impaired or Have Other Print Disabilities)。

第三节　珍·古道尔与环境保护

科学证据表明，全球生态系统正在承受前所未有的压力，并已威胁到可持续发展的前景。地球生物资源对人类经济社会发展而言至关重要。然而，人类活动的影响——被近年来人口增长和全球气候变化放大——大大减少了全世界生态系统的生物多样性。

整个联合国系统以多种方式进行保护环境。如应对气候变化，保护大气，提高能源的可持续利用，打击毁林、水土流失和荒漠化，防止空气和水污染，阻止鱼类资源枯竭，加强有毒废物的安全管理，这些是联合国正在处理的众多环境问题中的一部分。①

　　珍·古道尔（Jane Goodall）是黑猩猩研究方面的先驱，她于1960年在非洲开始了对黑猩猩的研究，这一研究具有划时代的意义。珍·古道尔研究所（Jane Goodall Institute）在非洲建立了创新型保护和发展计划，已得到广泛认可。她的全球"根茎"（Roots & Shoots）计划支持了近百个国家和地区的数万名青年开展帮助人类、动物和环境的项目。自2002年担任和平使者以来，她一直在努力帮助联合国关注环境问题。

　　50多年前，年轻的珍·古道尔第一次迈进今天坦桑尼亚的贡贝国家公园（Tanzania's Gombe National Park）。当时，她根本不知道自己即将开始一项开创性的黑猩猩行为研究，这项研究将震撼整个科学界，并且会重新定义我们对动物的理解，甚至最终改变我们对自己的理解。同样，她可能从未想过自己有一天会离开贡贝，并作为一名探索者，踏上使世界变得更加美好的道路。在演讲《与众不同》（*Making a Difference*）中，古道尔将她的听众带入贡贝黑猩猩的世界，去聆听它们的故事，这些故事都来自她早期对黑猩猩们的观察。

　　古道尔分享了有关珍·古道尔研究所工作的信息，该研究所将继续进行开创性研究，并在2013年庆祝了其36周年纪念日。如今，该研究所在保护黑猩猩及其栖息地的努力中处于全球领先地位。她还在非洲建立了以社区为中心的创新保护和发展项目，并在该研究所的全球环境和人道主义青年项目，即珍·古道尔的"根与芽"项目中得到广泛认可。

　　这位周游世界的国际偶像为我们展现了很多背后的人物：联合国和平使者、大英帝国的女爵士，以及世界各地无数文章和电视节目的主角。她还讨论了目前地球面临的威胁以及她在这个复杂的时代抱有希望的理由，鼓励观众尽自己的一份力，每天都做出积极的改变。②

---

　　① "UN Messenger of Peace". UN website. May 2020. https：//www.un.org/en/isotope-articles/9180/780.

　　② "*Making a Difference.*" Gonzaga University. 2013. May 2020. https：//www.gonzaga.edu/about/president-leadership/presidential-speaker-series/jane-goodall.

第四节　保罗·科埃略与消除贫困

在尊重共同价值观的基础上，不同文明、文化及人民间的对话可以为实现和平、缓解贫穷创造条件。贫穷不只是缺乏确保可持续生计的收入及生产性资源，其表现还包括：饥饿及营养不良、有限地获取教育及其他基本服务、社会歧视和排斥及无法参与决策。消除贫穷的努力需要进行跨文化对话，从而创造互相帮助、互相合作的灵活性、认识和意愿。①

保罗·科埃略（Paul Coelho）是巴西作家，年轻时就积极参与政治活动，其《炼金术士》（*The Alchemist*）、《朝圣》（*The Pilgrimage*）等畅销书吸引了全球各地读者的关注。他的作品赢得多项国际大奖，已被译成 65 种以上语言。

通过他的保罗·科埃略学会，这位里约热内卢人借助其全球魅力对抗贫穷，帮助巴西社会的弱势群体。他还与联合国教科文组织合作，担任跨文化对话和精神聚合论坛的特别顾问，以倡导文化的多元化。

自 2009 年以来，科埃略先生一直是潘基文秘书长发起的"男性领导人网络"（Network of Men Leaders）的一分子。该网络是一个颇有影响力的男性群体，他们在各自的影响力范围内开展具体行动，以消除针对妇女的暴力行为。该网络是"联合起来制止暴力侵害妇女行为"活动（"UNiTE to End Violence against Women" Campaign）的一部分。在担任和平使者的同时，科埃略先生还致力于推动全球关注千年发展目标（the Sustainable Development Goals）。②

---

① "UN Messenger of Peace". UN website. May 2020. https：//www.un.org/en/isotope-articles/9180/780.
② Paulo Coelho. "Secretary-General Designates Brazilian Author Paulo Coelho as Messenger of Peace." Paulo Coelho Writer Official Site. Sep. 21 2007. May 2020. https：//paulocoelhoblog.com/2007/09/21/secretary-general-designates-brazilian-author-paulo-coelho-as-messenger-of-peace/.

第五节　迈克尔·道格拉斯与裁军问题

自联合国诞生以来，实现多边裁军和军备限制的目标一直被视为维护国际和平与安全的核心。这些目标包括：减少并最终消除核武器，销毁化学武器，加强禁止生物武器，阻止地雷、小武器和轻武器的扩散等。当前，全世界创造和平文化及大幅度裁减武器的要求比以往任何时候都要强烈。尽管近年来武装冲突及种族灭绝的数目有所减少，但据估计，2011年世界各国政府军费开支仍高达1.74万亿美元，这相当于全世界人均支出249美元。对世界上许多贫困人口而言，战争和暴力犯罪直接影响其发展机会，妇女和儿童越来越多地成为战争受害人。在冲突情形中，超过25万名儿童被迫入伍，数十万妇女被强奸。

迈克尔·道格拉斯（Michael Douglas）是美国演员、制片人、奥斯卡奖（Academy Award）得主。道格拉斯先生热衷于裁军问题，包括防止核武器扩散和终止小武器和轻武器全球贸易。他通过公开倡导加强对非法持有和流通小武器和轻武器行为的控制，引导公众关注联合国在加强和平和安全方面所做的努力。作为联合国和平使者，道格拉斯先生在塞拉利昂（Sierra Leone）主持拍摄了一部纪录片，题为《到底发生了什么？》（What's Going On?），是联合国"播映时间系列"（Showtime）十部影片之一，该影片促使公众关注儿童兵的处境。①

---

① "UN Messenger of Peace". UN website. May 2020. https：//www.un.org/en/isotope-articles/9180/780.

附录一 　联合国系统图（中文）

联合国系统

联合国主要机构

大会

■附属机构
- 主要和其他委员会
- 裁军委员会
- 人权理事会
- 国际法委员会
- 常设委员会及特设机构

■基金和方案
- 开发署 联合国开发计划署
- 资发基金 联合国资本发展基金

- 联合国志愿人员组织
- 环境署 联合国环境规划署
- 人口基金 联合国人口基金
- 人居署 联合国人类住区规划署
- 儿基金 联合国儿童基金会
- 粮食署 世界粮食计划署（联合国/粮农组织）

■研究和训练
- 裁研所 联合国裁军研究所
- 调研所 联合国训练研究所
- 联合国系统职员学院
- 联合国大学

■其他实体
- 贸易中心 国际贸易中心（联合国/世贸组织）
- 贸发会议 联合国贸易和发展会议
- 难民署 联合国难民事务高级专员公署
- 近东救济工程处 联合国近东巴勒斯坦难民救济和工程处
- 项目署 联合国项目事务署
- 妇女署 联合国促进性别平等和增强妇女权能署

■相关组织
- 禁核试组织筹委会 全面禁止核试验条约组织筹备委员会
- 原子能机构[3] 国际原子能机构
- 国际刑院 国际刑事法院
- 移民组织 国际移民组织
- 海管局 国际海底管理局
- 海洋法法庭 国际海洋法法庭
- 禁化武组织 禁止化学武器组织
- 移民组织 国际移民组织
- 世贸组织[4] 世界贸易组织

安全理事会

经济及社会理事会

■附属机构
- 反恐怖主义委员会
- 刑事法庭余留事项国际处理机制
- 军事参谋团
- 维持和平行动及政治特派团
- 制裁委员会（特设）
- 常设委员会及特设机构

■建设和平委员会

■高级别政治论坛 可持续发展问题

秘书处

■职司委员会
- 预防犯罪和刑事司法 麻醉药品
- 人口与发展
- 科学和技术促进发展
- 社会发展
- 统计
- 妇女地位
- 联合国森林论坛

■区域委员会
- 非洲经委会 非洲经济委员会
- 欧洲经委会 欧洲经济委员会
- 拉加经委会 拉丁美洲和加勒比经济委员会
- 亚太经社会 亚洲及太平洋经济社会委员会
- 西亚经社会 西亚经济社会委员会

国际法院

其他机构[10]
- 发展政策委员会
- 公共行政专家委员会
- 非政府组织委员会
- 土著问题常设论坛
- 艾滋病署 联合国艾滋病毒/艾滋病联合规划署

■其他机构[10]
- 发展政策委员会
- 公共行政专家委员会
- 非政府组织委员会
- 土著问题常设论坛
- 艾滋病署 联合国艾滋病毒/艾滋病联合规划署
- 地名专家组 联合国地名专家组
- 地理空间信息管理 全球地理空间信息管理

■研究和训练
- 犯罪司法所 联合国区域间犯罪和司法研究所
- 社发所 联合国社会发展研究所

■专门机构[5]
- 粮农组织 联合国粮食及农业组织
- 国际民航组织 国际民用航空组织
- 农发基金 国际农业发展基金
- 劳工组织 国际劳工组织
- 基金组织 国际货币基金组织
- 海事组织 国际海事组织
- 国际电联 国际电信联盟
- 教科文组织 联合国教育、科学及文化组织
- 工发组织 联合国工业发展组织
- 世旅组织 世界旅游组织
- 万国邮联 万国邮政联盟
- 卫生组织 世界卫生组织
- 知识产权组织 世界知识产权组织
- 气象组织 世界气象组织
- 世界银行集团
  - 世界银行 国际复兴开发银行
  - 开发协会 国际开发协会
  - 金融公司 国际金融公司

托管理事会[6]

注：
1 联合国系统行政首长协调理事会（首协会）的成员。
2 伙伴关系办公室是联合国对联合国基金会的协调中心。
3 原子能机构和禁化武组织向安全理事会和联合国大会（大会）报告。
4 世贸组织对大会无报告义务，但不定期向大会和经济及社会理事会（经社理事会）开展金融和发展等方面的工作。
5 专门机构为自治组织，其工作通过经社理事会（政府间一级）和首协会（秘书处间一级）进行协调。
6 随着剩下的最后一个联合国托管领土帕劳于1994年10月1日取得独立，托管理事会于1994年11月1日停止运作。
7 根据《宪章》第五十七和六十三条，解决投资争端国际中心和多边投资担保机构并非专门机构，而是世界银行集团的组成部分。
8 这些机构的秘书处是联合国秘书处的组成部分。
9 秘书处还包括以下办公室：道德操守办公室、联合国监察员和调解事务办公室，以及内部司法办公室。
10 有关经社理事会附属机构的完整清单，请参见 un.org/ecosoc/zh。

■部和厅[8]
- 秘书长办公厅
- 发协办 发展协调办公室经社部
- 经社部 经济和社会事务部
- 大会部 大会和会议管理部
- 传播部 全球传播部
- 管理战略部 管理战略、政策和合规部
- 业务支助部
- 和平行动部
- 政治建和部 政治和建设和平事务部
- 安保部 安全和安保部
- 人道协调厅 人道主义事务协调厅
- 反恐怖主义办公室
- 裁军厅 裁军事务厅
- 人权高专办 联合国人权事务高级专员办事处
- 监督厅 内部监督事务厅
- 法律厅 法律事务厅

- 非洲顾问办 非洲问题特别顾问办公室
- 儿童与冲突问题特别代表 负责儿童与武装冲突问题秘书长特别代表办公室
- 冲突中性暴力问题特别代表 负责冲突中性暴力问题秘书长特别代表办公室
- 暴力侵害儿童问题特别代表 负责暴力侵害儿童问题秘书长特别代表办公室
- 减灾办 联合国减少灾害风险办公室
- 毒品和犯罪问题办公室 联合国毒品和犯罪问题办公室
- 日内瓦办事处 日内瓦办事处
- 最不发达国家高代办 最不发达国家、内陆发展中国家和小岛屿发展中国家高级代表办公室
- 内罗毕办事处 内罗毕办事处
- 伙伴关系办公室[2] 联合国伙伴关系办公室
- 维也纳办事处 联合国维也纳办事处

本图表反映联合国系统的职能性组织架构，仅供情况介绍之用，未包含联合国系统的所有办事处或实体。

©2019 联合国，全球版权所有　联合国全球传播部出版 19-00073—2019 年

附录二　联合国系统图（英文）

The United Nations System

UN PRINCIPAL ORGANS

- GENERAL ASSEMBLY
- SECURITY COUNCIL
- ECONOMIC AND SOCIAL COUNCIL
- SECRETARIAT
- INTERNATIONAL COURT OF JUSTICE
- TRUSTEESHIP COUNCIL[6]

General Assembly

■ Subsidiary Organs
- Disarmament Commission
- Human Rights Council
- International Law Commission
- Joint Inspection Unit (JIU)
- Main Committees
- Standing committees and ad hoc bodies

▼ ▲ Funds and Programmes
- UNDP United Nations Development Programme
  - UNCDF United Nations Capital Development Fund
  - UNV United Nations Volunteers
- UNEP[8] United Nations Environment Programme
- UNFPA United Nations Population Fund
- UN-HABITAT[8] United Nations Human Settlements Programme
- UNICEF United Nations Children's Fund
- WFP World Food Programme (UN/FAO)

▼ ▲ Research and Training
- UNIDIR United Nations Institute for Disarmament Research
- UNITAR United Nations Institute for Training and Research
- UNSSC United Nations System Staff College
- UNU United Nations University

▼ ▲ Other Entities
- ITC International Trade Centre (UN/WTO)
- UNCTAD[3,8] United Nations Conference on Trade and Development
- UNHCR Office of the United Nations High Commissioner for Refugees
- UNOPS United Nations Office for Project Services
- UNRWA United Nations Relief and Works Agency for Palestine Refugees in the Near East
- UN-WOMEN United Nations Entity for Gender Equality and the Empowerment of Women

▼ ▲ Related Organizations
- CTBTO PREPARATORY COMMISSION Preparatory Commission for the Comprehensive Nuclear-Test-Ban Treaty Organization
- IAEA[3] International Atomic Energy Agency
- ICC International Criminal Court
- IOM International Organization for Migration
- ISA International Seabed Authority
- ITLOS International Tribunal for the Law of the Sea
- OPCW[3] Organization for the Prohibition of Chemical Weapons
- WTO[3,4] World Trade Organization

Security Council

■ Subsidiary Organs
- Counter-Terrorism Committee
- International Residual Mechanism for Criminal Tribunals
- Military Staff Committee
- Peacekeeping operations and political missions
- Sanctions committees (ad hoc)
- Standing committees and ad hoc bodies

▼ ▲ Peacebuilding Commission

▼ ▲ HLPF High-level Political Forum on Sustainable Development

Economic and Social Council

■ Functional Commissions
- Crime Prevention and Criminal Justice
- Narcotic Drugs
- Population and Development
- Science and Technology for Development
- Social Development
- Statistics
- Status of Women
- United Nations Forum on Forests

▼ ▲ Regional Commissions[8]
- ECA Economic Commission for Africa
- ECE Economic Commission for Europe
- ECLAC Economic Commission for Latin America and the Caribbean
- ESCAP Economic and Social Commission for Asia and the Pacific
- ESCWA Economic and Social Commission for Western Asia

■ Other Bodies[9]
- United Nations Forum on Forests
- Committee for Development Policy
- Committee of Experts on Public Administration
- Committee on Non-Governmental Organizations
- Permanent Forum on Indigenous Issues
- UNAIDS Joint United Nations Programme on HIV/AIDS
- UNGEGN United Nations Group of Experts on Geographical Names
- UNGGIM Committee of Experts on Global Geospatial Information Management

▲ Research and Training
- UNICRI United Nations Interregional Crime and Justice Research Institute
- UNRISD United Nations Research Institute for Social Development

■ Specialized Agencies[5]
- FAO Food and Agriculture Organization of the United Nations
- ICAO International Civil Aviation Organization
- IFAD International Fund for Agricultural Development
- ILO International Labour Organization
- IMF International Monetary Fund
- IMO International Maritime Organization
- ITU International Telecommunication Union
- UNESCO United Nations Educational, Scientific and Cultural Organization
- UNIDO United Nations Industrial Development Organization
- UNWTO World Tourism Organization
- UPU Universal Postal Union
- WHO World Health Organization
- WIPO World Intellectual Property Organization
- WMO World Meteorological Organization
- WORLD BANK GROUP[7]
  - IBRD International Bank for Reconstruction and Development
  - IDA International Development Association
  - IFC International Finance Corporation

Secretariat

■ Departments and Offices[9]
- EOSG Executive Office of the Secretary-General
- DCO Development Coordination Office
- DESA Department of Economic and Social Affairs
- DGACM Department for General Assembly and Conference Management
- DGC Department of Global Communications
- DMSPC Department of Management Strategy, Policy and Compliance
- DOS Department of Operational Support
- DPO Department of Peace Operations
- DPPA Department of Political and Peacebuilding Affairs
- DSS Department of Safety and Security
- OCHA Office for the Coordination of Humanitarian Affairs
- OCT Office of Counter-Terrorism
- ODA Office for Disarmament Affairs
- OHCHR Office of the United Nations High Commissioner for Human Rights
- OIOS Office of Internal Oversight Services
- OLA Office of Legal Affairs
- OSAA Office of the Special Adviser on Africa
- SRSG/CAAC Office of the Special Representative of the Secretary-General for Children and Armed Conflict
- SRSG/SVC Office of the Special Representative of the Secretary-General on Sexual Violence in Conflict
- SRSG/VAC Office of the Special Representative of the Secretary-General on Violence Against Children
- UNDRR United Nations Office for Disaster Risk Reduction
- UNODC United Nations Office on Drugs and Crime
- UNOG United Nations Office at Geneva
- UN-OHRLLS Office of the High Representative for the Least Developed Countries, Landlocked Developing Countries and Small Island Developing States
- UNON United Nations Office at Nairobi
- UNOP United Nations Office for Partnerships
- UNOV United Nations Office at Vienna

Notes:

1. Members of the United Nations System Chief Executives Board for Coordination (CEB).
2. UN Office for Partnerships (UNOP) is the UN's focal point vis-a-vis the United Nations Foundation, Inc.
3. IAEA and OPCW report to the Security Council and the General Assembly (GA).
4. WTO has no reporting obligation to the GA, but contributes on an ad hoc basis to GA and Economic and Social Council (ECOSOC) work on, inter alia, finance and development issues.
5. Specialized agencies are autonomous organizations whose work is coordinated through ECOSOC (intergovernmental level) and CEB (inter-secretariat level).
6. The Trusteeship Council suspended operation on 1 November 1994, as on 1 October 1994 Palau, the last United Nations Trust Territory, became independent.
7. International Centre for Settlement of Investment Disputes (ICSID) and Multilateral Investment Guarantee Agency (MIGA) are not specialized agencies in accordance with Articles 57 and 63 of the Charter, but are part of the World Bank Group.
8. The secretariats of these organs are part of the UN Secretariat.
9. The Secretariat also includes the following offices: The Ethics Office, United Nations Ombudsman and Mediation Services, and the Office of Administration of Justice.
10. For a complete list of ECOSOC Subsidiary Bodies see un.org/ecosoc

This Chart is a reflection of the functional organization of the United Nations System and for informational purposes only. It does not include all offices or entities of the United Nations System.

© 2019 United Nations. All rights reserved worldwide   Published by the United Nations Department of Global Communications 19-00073 — July 2019

图书在版编目（CIP）数据

联合国研究/郑瑞珺，席桂桂编著. —北京：时事出版社，2021.3
ISBN 978-7-5195-0405-2

Ⅰ.①联… Ⅱ.①郑…②席… Ⅲ.①联合国—研究 Ⅳ.①D813.2

中国版本图书馆 CIP 数据核字（2020）第 264545 号

出 版 发 行：时事出版社
地　　　址：北京市海淀区万寿寺甲 2 号
邮　　　编：100081
发 行 热 线：（010）88547590　88547591
读者服务部：（010）88547595
传　　　真：（010）88547592
电 子 邮 箱：shishichubanshe@ sina. com
网　　　址：www. shishishe. com
印　　　刷：北京朝阳印刷厂有限责任公司

开本：787×1092　1/16　印张：13.25　字数：200 千字
2021 年 3 月第 1 版　2021 年 3 月第 1 次印刷
定价：80.00 元

（如有印装质量问题，请与本社发行部联系调换）